L'Oracle des mandalas sacrés

19, rue Saint-Séverin 75005 Paris

Texte et illustrations : Lydilee Montels
Création maquette et mise en pages : Bénédicte Souffrant – PCA-CMB.

ISBN : 979-10-242-1793-2
info@guytredaniel.fr
www.dervy-almora.fr
www.facebook.com/tredanieleso
@tredaniel_eso
tredaniel_eso

Imprimé en Chine

Lydilee Montels

L'Oracle des mandalas sacrés

Éditions Dervy

Sommaire

Les cartes

Introduction

Le mandala : forme géométrique qui nous relie au sacré

Au commencement, un flot d'amour continu, insaisissable et perpétuel émane d'une force surnaturelle. Dieu est le plus souvent le nom qui lui est donné. Une quête de sens, ayant pour but de lever le voile sur le mystère de l'origine du monde, habite une grande partie des êtres humains. Faire de cette recherche une expérience émotionnelle et intime relève du sacré. Le mandala mène à cette introspection profonde. Cette énigme est d'autant plus puissante qu'il suffit de se regarder et d'observer autour de soi pour constater à quel point nous sommes, en apparence, aux antipodes de cette force. Nous possédons un corps et nous sommes entourés par de la matière dense et tangible. Nous sommes également soumis à la dualité de l'existence au sein de laquelle alternent les notions de bien et de mal. Comment cette manifestation physique que nous sommes a-t-elle pu prendre vie à partir de ce vide impalpable et intangible?

La géométrie laisse entrapercevoir ce cheminement grandiose. Tu peux t'imaginer au centre d'une pièce sombre. Tu as des murs autour de toi, un sol et un plafond. Tu ne peux pas bouger. Comment vas-tu te repérer? Comment peux-tu procéder sans effectuer le moindre mouvement? Dans la Genèse, il est dit: «Au commencement était le verbe.» Dans la tradition hindouiste, Brahma, le grand créateur du monde, a émis un premier souffle, puis il a repris une inspiration et déployé son souffle de nouveau. À partir de là est née la déesse Sarasvati, déesse de la parole et du verbe.

Dans cette pièce sombre et de prime abord impalpable, l'écho généré par le son que tu produiras permettra de déterminer la distance qui te sépare des quatre murs, du sol et du plafond. Tu émettras un premier son devant toi (nord), puis derrière toi (sud), sur les côtés (est-ouest) sans oublier vers le haut et vers le bas.

La figure de l'octaèdre (double pyramide) symbolise ces six directions: ses segments égaux se rejoignent tout en respectant les mêmes angulations et longueurs.

Lorsque nous mettons cet octaèdre en mouvement, nous créons une sphère.

En 2D, cette même sphère est représentée par un cercle et un point en son centre symbolisant le point d'origine. Elle est également appelée la figure initiale. Le cercle représente l'harmonie et la Genèse du monde.

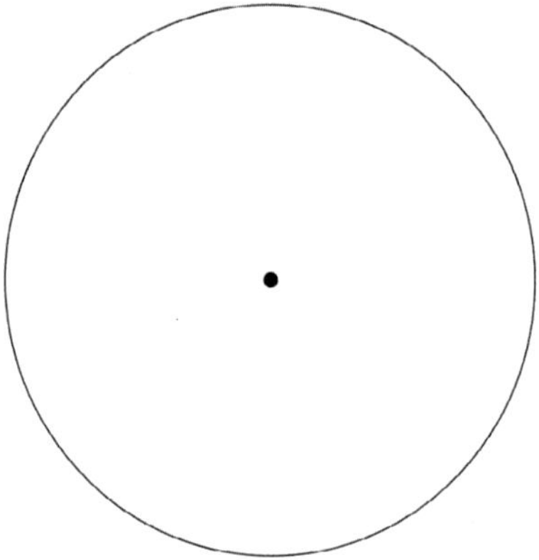

Ce symbole est aussi celui du Soleil, qui est en fait notre source, générateur de lumière et de vie. Cette source, Dieu, est partie de ce point central, puis s'est déployée dans un élan d'amour et de connaissance.

Le mandala (qui signifie « cercle » en sanskrit), symbolise l'origine de notre monde, l'amour infini de la source qui est venue s'incarner sur cette terre. Lorsque nous nous mettons à observer un mandala ou à le créer, nous retrouvons le chemin de la spiritualité et du sacré.

Les mandalas possèdent tous des tonalités et des forces différentes, nous pouvons nous sentir attirés par un ou plusieurs d'entre eux, il est alors important de pouvoir bénéficier de ses bienfaits en choisissant de le(s) mettre chez soi.

Le mandala fait également partie de la tradition du Vastu Shastra, ancêtre du Feng Shui et traité d'architecture issu des Védas (textes aphoristiques fondateurs de la spiritualité en Inde). Selon cette discipline ancestrale, la maison dans laquelle nous vivons possède sa géométrie propre et entre en écho avec la psyché et la santé de ses habitants. Les connaissances insufflées par l'étude du Vastu permettent de minimiser les conséquences négatives des lieux de vie et favorisent le développement spirituel de ses occupants en s'appuyant sur la géométrie et le magnétisme, conducteurs de *Prana* (terme sanskrit signifiant «souffle vital en mouvement»).

Le mandala est un outil puissant d'harmonisation intérieure et extérieure. Nous le plaçons dans les habitations pour créer un pont entre la spiritualité et la matière, entre le monde visible et invisible. Si tu observes un temple hindou ou tibétain en 2D, tu verras qu'il est semblable aux mandalas traditionnels, appelés *Yantra* pour les hindous et *Kalachakras* pour les Tibétains.

Le mandala doit idéalement être placé sur un mur et doit suffisamment être en hauteur pour pouvoir rayonner sur l'ensemble de l'espace, il ne doit pas être recouvert d'un tissu ou être situé derrière une porte de placard, car son effet en serait très fortement diminué. Le placement au-dessus d'une porte d'entrée (au milieu de l'ouverture) est également préconisé. Il peut être changé en fonction des saisons, des changements de conscience ou des paradigmes individuels.

Les cartes

1

Yin Yang

Ta quête se révèle

Le yin yang est un symbole qui exprime l'équilibre de chaque chose. Ce mandala est un moyen de réconcilier ses polarités intérieures: son masculin et son féminin, sa nature inférieure et supérieure (sans comparaison avec la polarité précédente), ses capacités de création et de transformation. Il fluidifie les cycles de la vie, invite à la patience et facilite la prise de conscience et de recul. Le mandala Yin Yang symbolise la connaissance.

POUR ALLER PLUS LOIN
Message du mandala

Découvrir les secrets de l'univers que le symbole du yin yang tend à dévoiler est un dessein noble qui anime l'esprit des hommes sages. Cette quête mène inexorablement à l'exploration de la matière dont est constitué chaque élément terrestre. En tant qu'êtres incarnés, nous faisons également l'objet de cette recherche spirituelle. L'être humain est autant le chercheur que le sujet d'étude. Le symbole du yin yang exprime cela de manière tout à fait fascinante. Pour faire l'expérience de la Connaissance, il faut avant tout s'observer. Une vérité vient à la conscience de l'homme doté de raison puis anime son cœur. Une joie incomparable envahit ensuite son corps pouvant le mener à l'extase mystique. Cette quête est la tienne. Elle te guidera vers la paix intérieure, l'éveil de ta force et la joie de partager des instants de grâce avec tes proches. Il est de ton devoir de rester dans l'observation des choses et de contempler les astres qui te prodigueront de précieux conseils en cette période de développement intérieur intense. Puisse le Ciel t'accompagner et la Terre te soutenir dans cette magnifique expérience.

PROBLÉMATIQUES QUE CE MANDALA PEUT APAISER : conflits relationnels, déséquilibres physiques et psychiques, dysharmonie chez soi et dans son espace de travail, autosabotage.

CONSEILS DE PLACEMENT : ce mandala peut être placé à l'entrée de ta maison (au-dessus de sa porte), dans un bureau ou un salon.

2
Sri Yantra

Laisse entrer le silence pour faire battre ton cœur

Les yantras sont des formes géométriques issues de la tradition hindouiste, ils sont des supports de méditation. Le Sri Yantra est composé de neuf triangles entrelacés, qui forment 43 petits triangles symbolisant l'alliance de Shiva et de Shakti, force du masculin et du féminin. Le mandala du Sri Yantra permet la stabilité intérieure et le développement de la conscience.

POUR ALLER PLUS LOIN
Message du mandala

Le symbole du Sri Yantra est un mystère ontologique. Il révèle l'impossibilité de circonscrire l'être humain et sa nature. Seul un symbole puissant comme le Sri Yantra peut relever ce défi. En effet, l'être humain est autant la terre que le ciel, la mer, les oiseaux. Tout est en lui, il est Un. Il a en lui la potentialité de voir battre un cœur puissant, de faire naître une force inestimable et de la sagacité. Tout est là ; l'esprit est déjà en lui, il ne lui reste qu'à puiser à l'intérieur de son être, à la racine, pour faire émerger cette grande intelligence. C'est le masculin et le féminin, il est le Tout. Appuie-toi sur cette certitude pour grandir, t'affirmer et t'accomplir. Lorsque tu baigneras dans cette vérité, tu sauras déployer avec aisance ta force mentale pour te positionner, ajuster tes désirs, discerner tes envies, trier tes idées et faire du ménage dans le flot informationnel qui vient quotidiennement à toi. La *kundalini* est la force vitale qui anime chaque être humain, elle est extrêmement puissante. Pour qu'elle puisse atteindre les plus hautes sphères de ton être, elle doit s'imprimer dans ton corps physique. Un retrait, du silence, une observation de toi-même sont indispensables pour ce travail. Se ménager du temps et de l'espace est vital et nécessaire pour ton élévation intérieure. Dans ce vide aux abords obscurs jaillira ta vérité.

PROBLÉMATIQUES QUE CE MANDALA PEUT APAISER : manque d'ancrage, manque de confiance et d'affirmation de soi, problèmes relationnels, déficit d'équilibre dans tous les aspects de votre vie.

CONSEILS DE PLACEMENT : ce mandala peut être positionné au-dessus de ton lit, au-dessus de la porte de ta chambre à coucher, dans ton bureau ou dans une salle de yoga.

3
Dodécaèdre

Élargis tes perceptions subtiles

Le dodécaèdre est un des cinq solides de Platon parmi lesquels figurent le cube, le tétraèdre, l'octaèdre et l'icosaèdre. Ce premier solide composé de douze pentagones réguliers est rattaché à l'élément éther, essence du vide et de la spiritualité qui nous entoure. Le mandala du dodécaèdre facilite l'accès à notre intuition et amplifie notre sensibilité.

POUR ALLER PLUS LOIN
Message du mandala

Le monde éthéré est impalpable, ses vérités nous échappent et ses limites sont intangibles. Le dodécaèdre, composé de douze pentagones réguliers, symbolise l'hermétisme de ce monde subtil. Son obscurité apparente se lie intimement à la lumière qu'il renferme. Pour entrapercevoir cela, nous devons aiguiser notre regard, le conduire au-delà du visible pour magnifier chaque pentagone du dodécaèdre et en faire un pentagramme, figure symbolisant l'homme vibrant et subtil.

Ton cœur est ta pierre philosophale, il est ton guide vers l'éternel. Il anime tes cellules, il fait naître ton sourire. Sa puissance créatrice te mène inconditionnellement à l'amour. Écoute tes tremblements, observe-toi en profondeur, perçois la lumière qui jaillit. Les musiques te sont ainsi plus douces, les lumières plus pures. Tu contemples la beauté autour de toi et souris à la vie, à tes congénères, aux animaux, aux arbres et aux plantes. Tu admires le soleil.

Lorsque les portes se referment et que ton regard se fige, happé par la forme monolithique du symbole, il est nécessaire de s'armer de patience pour mettre en lumière ses perceptions subtiles. Il suffit parfois de si peu pour que le cœur d'un homme se rouvre.

PROBLÉMATIQUES QUE CE MANDALA PEUT APAISER : manque d'intuition, ressentis ténus, manque d'optimisme, difficulté à se relever d'une épreuve, déficit de créativité et d'idées.

CONSEILS DE PLACEMENT : ce mandala peut être positionné dans ton espace de travail, ton salon, ta chambre ou une salle de méditation.

4

Vierge Marie et son enfant Jésus

Rappelle-toi que tu n'es jamais seul(e)

Marie incarne la Mère Divine. Elle est souvent représentée comme une figure maternelle aimante et protectrice. Dans la tradition chrétienne, elle est considérée comme un intercesseur puissant entre les hommes et Dieu, elle apporte de nombreuses bénédictions. Le mandala de la Vierge Marie permet de renouer avec notre nature divine, d'être guidé(e) et de devenir un réceptacle de l'amour divin.

POUR ALLER PLUS LOIN
Message du mandala

Ta venue au monde a été un cadeau. Je t'ai béni(e) dès l'instant de ta naissance. Ton premier sourire a adouci les cœurs et ton regard tendre a su réconforter les plus malheureux. Aujourd'hui, tu es toujours cet enfant issu de la grâce. Certes, tu as grandi. À présent, cette innocence est un joyau qui alimente les desseins de ton âme. L'harmonie en est le maître d'œuvre. En vertu de cela, il te reste encore à accomplir de beaux travaux. Ces réalisations seront des offrandes que tu légueras à l'humanité. Ces ouvrages se hissent au fil du temps au rang d'œuvres. Elles sont parfois tangibles. Elles se rendent occasionnellement invisibles. Voilà pourquoi ton regard se perd. Il se concentre sur la matière. Il se détourne des visions subtiles qui mettent en lumière le chemin parcouru. Dans ces moments d'égarement, lève les yeux au ciel. Là, tu Me verras, Je te couvrirai de pierres précieuses. J'agis pour te guider. Je sais les écueils auxquels se heurtent les êtres humains qui finissent par enfouir leur foi dans la pénombre. Je t'accompagne à chaque instant. Comment le savoir? Comment le percevoir? Visualise un fil d'or qui relie ton nombril au Ciel. L'esprit de la Mère Divine te nourrit par ce lien subtil. À ta naissance physique, le cordon ombilical qui te reliait à ta génitrice charnelle a été coupé. Cela a été nécessaire pour ta survie. Cela t'a cependant maintenu dans l'illusion de la séparation. Nous restons malgré tout unis. Quand tu te sens seul(e), n'oublie pas que Je suis toujours avec toi et que ce goût amer que génère le sentiment de solitude t'apporte un message, celui de transcender tes peurs les plus profondes. Il y a tellement à apprendre ici-bas. La vie est un cadeau. Tu es mon enfant. Je te bénis.

PROBLÉMATIQUES QUE CE MANDALA PEUT APAISER: sentiment de solitude et d'amertume, isolement social et intellectuel, tristesse, souffrances liées à une perte.

CONSEILS DE PLACEMENT: Ce mandala peut être placé dans la pièce dans laquelle tu te sens le moins bien.

5
Poséidon

Ose explorer ta part d'ombre

Poséidon est le dieu grec de la mer, des tempêtes et des tremblements de terre. Il est l'un des douze dieux de l'Olympe et est considéré comme l'un des dieux les plus puissants et les plus redoutables de la mythologie grecque. Il est souvent représenté comme un homme barbu, portant un trident et chevauchant un chariot tiré par des hippocampes. Le mandala de Poséidon apporte de la vitalité, de la force, du courage, de la confiance et de la détermination.

POUR ALLER PLUS LOIN
Message du mandala

Dans le tréfonds de la chair règne la pulsion de vie, celle qui t'anime, te rend vibrant(e) et vivant(e). Dans le fond des eaux viennent les cauchemars et les peurs ; sers-t'en ! Tu peux les utiliser pour en faire de belles œuvres. L'être humain a la faculté de créer, d'engendrer, d'imaginer et de façonner la terre. Son pouvoir est immense. Cependant, cette force reste latente. Elle est souvent réprimée, refoulée, enfouie sous les océans par peur de faire des vagues. Le bruit tonitruant de son réveil accélère les vibrations de la terre et permet par ricochet de réveiller tes congénères. Cela est difficile, mais celui qui sait puiser cette force est un être éclairé. Le pardon est le seul moyen d'utiliser cette énergie. Il est primordial de se réconcilier avec la part obscure des êtres humains, vivre avec et s'en servir pour faire émerger la beauté en soi et autour de soi. Le boiteux, bien qu'il soit moins rapide, sait observer son environnement et en prendre de plus en plus conscience à mesure qu'il progresse sur le chemin. Il nous enseigne la prudence et la patience. L'impétueux effraie, mais il invite à l'audace. Ose affronter tes peurs et tes angoisses ! Deviens créatif, résilient, amoureux de la vie. Connaître sa part d'ombre est une voie vers l'amour, car les forces contraires s'attirent. Si tu plonges dans cet océan obscur de la rédemption, tu t'offres un merveilleux cadeau, tu y découvriras un coquillage céleste. Cet écrin de l'océan se démultipliera, étirant sa kaléidoscopique structure. Tu plongeras tes souvenirs dans ce coquillage que tu dérouleras de tes doigts d'orfèvre. Tu y percevras tant de vérités. Fais-toi confiance, tu seras un plongeur, l'amour sera ton fil d'Ariane. Puissent tes magnifiques projets prendre forme.

PROBLÉMATIQUES QUE CE MANDALA PEUT APAISER : crises d'angoisse, anxiétés, peur, sentiment d'imposture, manque d'énergie, neurasthénie.

CONSEILS DE PLACEMENT : salon, salle à manger, bureau.

6
Œil d'Horus

Ton regard sur le monde s'éclaire

Horus est un dieu égyptien. C'est le fils d'Isis et d'Osiris. Il symbolise la victoire de la lumière sur l'obscurité. Il est représenté par un œil. Le mandala d'Horus favorise la lucidité et le discernement.

POUR ALLER PLUS LOIN
Message du mandala

Tes yeux sont à présent purifiés. Les larmes jadis versées ont ôté tes illusions et acéré ton regard. Ce que tu n'avais pas voulu percevoir jusqu'à présent s'offre à toi en toute transparence. Tu es prêt(e) à accueillir pleinement cela. Tu as maintenant la force de regarder le monde en dehors du bien et du mal, et de le voir alors avec sa beauté, ses imperfections, mais également toute sa subtilité. En chaque chose réside une polarité prête à s'inverser. On ne peut rien figer. On ne peut rien trouver sans vraiment chercher au-delà des classifications mentales. Dès lors qu'une première couche est ôtée, une autre forme d'illusion fait surface. Tu es sur la bonne fréquence. Ce jeu ne te dupe plus. Tu sais le chemin que tu as dû parcourir pour que ces vérités gagnent ta conscience. Tu as gravi de nombreuses marches. Derrière toi, des êtres proches empruntent le chemin que tu as tracé. Devant toi, une lumière s'intensifie au point de t'éblouir. N'oublie pas ces préceptes quand tu sentiras la clarté t'envahir.

PROBLÉMATIQUES QUE CE MANDALA PEUT APAISER : troubles et dissonances dans les perceptions, défaut de visualisation, difficulté à mener des projets, problèmes de charisme et de leadership.

CONSEILS DE PLACEMENT : bureau, espace de travail, salle de réunion.

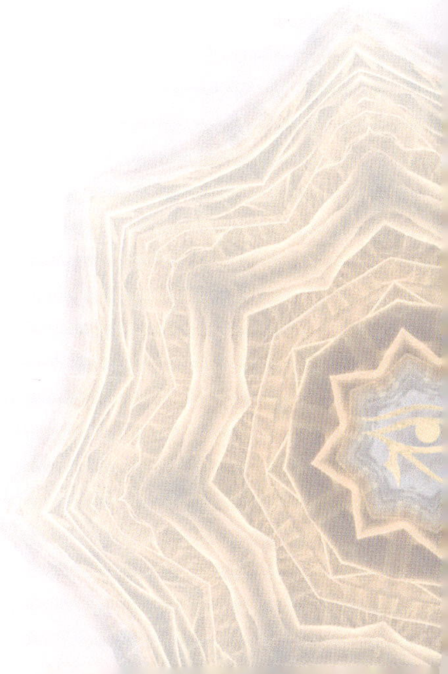

7

Ange

Nous sommes là pour toi

Un ange est un être céleste ou spirituel qui est considéré comme un messager ou un serviteur de Dieu ou d'une force supérieure. Les anges sont souvent représentés comme des êtres bienveillants et protecteurs qui veillent sur les êtres humains et les guident sur leur chemin spirituel. Ce mandala facilite le lien et la communication avec eux. Par son observation soutenue, il permet d'accéder par son observation soutenue à une dimension spirituelle élevée.

POUR ALLER PLUS LOIN
Message du mandala

Pense à nous et nous nous rapprocherons. Parle-nous et nous te répondrons. La langue des oiseaux est notre langage. Le vol des papillons est notre art. Il diffuse les couleurs que nous répandons sur ton âme, embellissant ton aura et la faisant flamboyer de mille couleurs. Nous t'aimons quand tu ris, quand tu es joyeux (se), quand tu ouvres ton cœur, quand tu dis oui à la vie. Nous sommes toujours là, y compris dans les temps difficiles. Parle-nous dans ces moments-là, nous ferons tout ce qui est en notre pouvoir pour t'aider. Quand tu t'adresses à nous, dis-le avec ton cœur. Oublie tes désirs égotiques, car ceux-là ne peuvent pas être entendus. Nous sommes sourds à ce langage parce qu'il ne peut pas atteindre notre fréquence. Cependant, quand ton cœur est animé par la joie, nous le sentons fortement. Quand tu t'approches des cieux, transporté(e) par un bonheur immense, nous t'en remercions, car nous le ressentons aussi. Nous sommes tellement reconnaissants lorsque tu nous invites à partager tes joies.

Les anges ne sont pas des êtres incarnés, mais nous le devenons finalement à travers toi. Nous t'aimons, devons te protéger et te soufflons à l'oreille des mots qui te prémunissent des dangers. Notre langage n'est pas toujours intelligible, car la fréquence sur laquelle tu te situes détermine leur perception. Nous adorons les oiseaux, ce sont nos cousins, lorsque tu en vois un, pense à nous. Il va alors s'approcher de toi sans crainte et tu verras à quel point ton cœur va grandir. Quand cela arrive, nous sommes assurément heureux. Nous te protégeons, nous t'aimons, nous te chérissons. Nous savons que cette aventure terrestre n'est pas toujours facile, elle est semée d'embûches et de déconvenues, nous sommes là pour toi. Les anges peuvent réaliser tes souhaits tout en restant fidèles aux grandes lois et lucides. Pense à nous, tu n'es pas seul(e), jamais.

PROBLÉMATIQUES QUE CE MANDALA PEUT APAISER : manque de confiance en soi, perte de repères, sentiment de solitude et d'impuissance.

CONSEILS DE PLACEMENT : ce mandala peut être placé dans une chambre d'enfant, un séjour ou dans la zone est de ton habitation.

8
Métatron

Prolonge de ta main l'œuvre du Divin

Métatron est un ange dans la tradition juive, chrétienne et islamique. Il est considéré comme l'un des archanges les plus puissants et est souvent décrit comme étant le messager de Dieu ou le gardien des secrets divins. Dans la Kabbale, il est considéré comme l'une des dix séphiroth, ou émanations divines. Selon la tradition, Métatron a été élevé au rang d'ange après avoir été un homme pieux nommé Hénoch, enlevé au ciel par Dieu. Le mandala de Métatron favorise l'accès à la Connaissance et à la sagesse des hommes.

POUR ALLER PLUS LOIN
Message du mandala

Voir les hommes grandir est ma plus belle récompense. Le feu de la Connaissance s'anime. Il se vivifie en dépit des temps obscurs. Cela relève du paradoxe, mais l'univers est régi ainsi. C'est une loi inaliénable qu'il faut accepter. Je suis le catalyseur de la vie sur Terre, un grand poète qui sème des mots chargés de sens dans la tête des hommes. Parce que le mental est la clé de l'évolution. Sans lui, les hommes sont démunis, sourds-muets et soumis à leur pulsion animale. La main est le prolongement du mental. Voilà pourquoi il faut l'animer dans le sens littéral, c'est-à-dire lui conférer une âme, pour que s'agite en elle le divin et que la création de nouvelles idées puisse se matérialiser. Le boulanger façonne sa pâte avec amour. Sa connaissance est issue de longues lignées d'artisans, qui possèdent un savoir-faire qui se bonifie au fil des ans, et se théorise. La matière spirituelle doit devenir matière physique. Pour cela, il faut de bons boulangers de l'invisible, qui passent une grande partie de leur vie à sculpter leur âme pour qu'elle soit la plus fidèle au désir du Créateur. Je suis le patron des boulangers, le chef d'orchestre de ce grand travail, je ne peux pas œuvrer directement pour chacun d'entre vous, mais les grandes lois dont je suis le gardien sont diffusées par mes disciples. Je suis ici pour toi, j'œuvre dans cette grande aventure qu'est la vie. Si tu peux appliquer ces grandes lois, tu deviendras un initié qui pourra à ton tour enseigner. Si ton cœur te pousse dans cette voie, je ne peux que recommander de t'y adonner corps et âme, d'approfondir, de travailler avec amour pour que la lumière émerge de la matière, sans idéalisation, juste simplicité. Il n'y a pas de bien, il n'y a pas de mal, il y a l'œuvre de Dieu.

PROBLÉMATIQUES QUE CE MANDALA PEUT APAISER : manque d'ancrage, impossibilité de vivre le moment présent, pensées récurrentes et entêtantes, tristesse.

CONSEILS DE PLACEMENT : ce mandala peut être positionné près d'une bibliothèque, dans un bureau, une salle d'enseignement, un studio d'enregistrement.

9

Radha et Krishna

Fais-toi l'écho de la parole de Krishna pour sa bien-aimée Radha

Radha et Krishna sont deux figures centrales de la religion hindoue. Radha est considérée comme la compagne divine de Krishna, qui est vénéré comme une incarnation de Vishnu, l'un des dieux principaux de l'hindouisme. La relation entre Radha et Krishna est considérée comme un exemple suprême de l'amour divin et de la dévotion. Les histoires de leur amour et de leurs aventures sont racontées dans les textes sacrés hindous, tels que le *Bhagavata Purana* et le *Gita Govinda*. Le mandala de Radha et Krishna favorise l'harmonie du couple et de la famille. Il ouvre à l'amour universel.

POUR ALLER PLUS LOIN
Message du mandala

Ma beauté, ma douce, Radha, lorsque je m'approche de toi, mon corps vibre émanant des couleurs et des lueurs qui emplissent le monde. Lorsque je te sens près de moi, mon énergie grandit, les arbres poussent à une vitesse phénoménale, le printemps jaillit. Lorsque je danse avec toi, c'est l'univers qui s'anime, c'est la puissance du feu, c'est la terre qui sourit. Lorsque je pose mes lèvres sur les tiennes, ce sont nos deux souffles qui se mêlent et le vent qui répand les semences et assure les moissons qui feront le pain de demain. Lorsque je me fonds en toi, c'est la création pure, le blanc, la vie, c'est le dieu Brahma qui s'éveille en chaque homme. Notre danse infinie fait tournoyer les planètes, apporte un équilibre en chaque chose. Nous ne sommes plus qu'un et la vie virevolte.

Chaque homme possède en lui cette union parfaite, je la leur ai offerte en cadeau en hommage à notre amour. L'homme qui s'unit à lui-même ou à l'être qu'il aime rencontre cet espace du grand Créateur, de la puissance divine. Quel cadeau que de pouvoir le vivre dans un corps de chair! C'est retentissant de beauté. Ces moments sont les plus beaux à vivre dans une existence terrestre, voilà pourquoi certains maîtres viennent s'incarner sur Terre, ils connaissent ces moments et viennent guider les hommes vers cela. Lorsqu'ils y parviennent, ils retournent également dans ce grand espace divin. Comme la chair est prisonnière de sa nature inférieure, chaque être, aussi grand soit-il, doit pouvoir s'en détacher. Bien entendu, avec la pratique, cela se fait de plus en plus rapidement, mais les maîtres n'oublient pas comment emprunter ce chemin pour guider les hommes.

Radha, ma chère Radha, tu es mon souffle, tu es ma voie, tu es mon sang et ma peau. Tu animes le monde par ta beauté.

PROBLÉMATIQUES QUE CE MANDALA PEUT APAISER: sentiment de solitude, difficultés relationnelles, tensions récurrentes dans le couple, difficulté à travailler en équipe.

CONSEILS DE PLACEMENT: ce mandala peut être positionné dans ta chambre, dans un espace thérapeutique et d'écoute, dans la zone est ou au centre de ton habitation.

10

Jésus et Marie-Madeleine

Reste fidèle à ton cœur et affranchis-toi !

Marie-Madeleine est une figure biblique du Nouveau Testament, connue pour être une disciple de Jésus-Christ. Selon les Évangiles, elle était présente lors de la crucifixion de Jésus et a été la première personne à voir Jésus ressuscité. Elle est souvent considérée comme une sainte dans de nombreuses traditions chrétiennes. Dans certaines traditions, elle est également considérée comme la prostituée repentie mentionnée dans les Évangiles. Le mandala de Marie-Madeleine favorise la dévotion envers autrui, l'acceptation et la guérison.

POUR ALLER PLUS LOIN
Message du mandala

Paroles de Marie-Madeleine à Jésus :

« Mon doux Jésus,

Ton regard emplit mon cœur de larmes que je déverse sur ta peau pour me mêler à toi. Je te porte en moi, je m'offre à toi, je suis à toi. Je ne sais plus parfaitement qui tu es, je sais que je dois te suivre, faire entrer le Christ en moi. Tu me montres la voie. Chaque chose que tu me demanderas, je la ferai pour toi. Je serai là pour toi, même au-delà de ton apparence terrestre, je te suivrai jusque dans les cieux et notre union traversera les siècles pour vivre dans le cœur de chaque homme. Je te suis dévouée, je t'écoute et accomplis ta volonté. Tu es tellement beau, je suis un peu toi, ou tu es un peu moi. Je souhaiterais que tu m'enseignes encore et encore, mais je sens qu'une seule existence terrestre ne suffira pas pour y parvenir. Mes cheveux, mes yeux, ma bouche sont entièrement à toi et je te les donne, puissent-ils répandre et exhaler ton encens. Quand je m'agenouille face à toi, je répare les injustices que j'ai subies. De mes cheveux, j'essuie les paroles adressées à mon égard qui éclaboussent tes pieds. Tu n'en prends pas garde, car ton cœur est si grand. Je voudrais que ces paroles et pensées n'existent pas, je voudrais que l'on me voie telle que je suis. Les hommes sont aveuglés par mon apparence et leur entêtement à me voir autre que ce que je suis réellement. Je ne suis pas exempté de souffrance dans ce monde, car les mots prononcés par malveillance sont comme du venin qui vient s'instiller en moi et me paralyser. Mon doux Jésus, donne-moi la force de survivre à ces menaces, mon existence est parfois si douloureuse, sache que je ferai tout ce qui est en mon pouvoir pour répandre la joie et l'amour autour de moi, mais certes, la chair est faible et je me laisse aller à mes peines. »

Pour toi :

À présent, je voudrais m'adresser à toi, cher lecteur, chère lectrice, car je sais que comme moi, il y a des moments où tu ne te sens pas reconnu(e), où tu te sens offensé(e) par les aveugles qui ne voient pas l'essence de ton être et ce que tu es capable d'offrir au monde. Ces mêmes hommes vont même jusqu'à refuser les cadeaux que tu leur offres. Cela peut tellement générer de tristesse et de désespoir, je suis de tout cœur avec toi. Tu ne pourras pas changer leur point de vue, seuls eux le peuvent, la seule chose que tu puisses faire est de t'agenouiller face au Christ tout-puissant. En d'autres mots, laisse agir la lumière et l'amour en toi pour qu'ils s'infusent dans ton corps. Reste souverain(e) dans tes choix. Il ne s'agit pas de s'agenouiller devant ces hommes qui t'offensent, mais de devenir serviteur de la lumière, cela te conduira à retrouver ta nature profonde et à l'assumer. Garde la foi.

PROBLÉMATIQUES QUE CE MANDALA PEUT APAISER : hésitations, tendances à l'autosabotage, peur du regard des autres, conflits récurrents, difficultés à faire confiance.

CONSEILS DE PLACEMENT : ce mandala peut être positionné dans une pièce située à l'ouest de ton habitation, dans une chambre d'ami ou dans une pièce dans laquelle tu as du mal à te poser.

11

Libellule

Diffuse la joie autour de toi !

La libellule est un insecte qui symbolise la transformation, la croissance personnelle et la renaissance. En raison de sa capacité à passer de la vie aquatique à la vie aérienne, la libellule est souvent associée à la transformation et à l'adaptation. Dans certaines cultures, elle est considérée comme un messager spirituel. Le mandala de la libellule est symbole de la liberté, de la légèreté et de la joie. Il est également associé à la sagesse et à la connaissance.

POUR ALLER PLUS LOIN
Message du mandala

Si le soleil arrive jusqu'à toi, ferme les yeux, remplis-toi de cette lumière divine qui te nettoie en profondeur et t'apporte de la souplesse. Chaque épreuve que tu vivras ne sera plus un fardeau, mais une marche supplémentaire vers ton élévation de conscience. Nous avons toutes et tous besoin les uns des autres, nous coopérons main dans la main, même si cela ne se voit pas toujours. Il peut y avoir des déceptions, des déconvenues, des rudesses, mais les âmes sont toutes reliées entre elles dans la plus grande des légèretés. Aucune séparation réelle n'existe, la vie qui nous anime tous ici-bas nous éloigne de la vérité. Toutefois, c'est à nous d'aller la chercher et d'appliquer dans la matière vivante ce qui nous est enseigné. Je virevolte au gré du vent, je vais vite, j'ai l'air de ne pas m'intéresser à ce qui se passe, mais détrompe-toi ! Mon rôle est tellement important dans tout cet équilibre terrestre ; le tien l'est tout autant, et même plus, je dirais ! Parce que tu es doté(e) de la parole et que ce que tu transmets est à l'image des itinéraires que je prends. Si elle éclabousse d'aigreur et de colère tes congénères, tu n'arriveras pas à bon port. Cependant, si tu t'exerces à diffuser de douces paroles vibrantes de beauté, chacun de tes mots ira se poser délicatement sur la conscience de chacun et le fera grandir, je suis ici pour te montrer que la sensibilité, la légèreté et la joie sont essentielles dans ton cheminement terrestre.

PROBLÉMATIQUES QUE CE MANDALA PEUT APAISER : difficultés à raisonner, anxiété, sentiment d'isolement, émotions paralysantes, sidération, sens de la repartie atrophié, problèmes d'expression, manque de créativité et de libido.

CONSEILS DE PLACEMENT : salle de réunion, salle de spectacle, studio d'enregistrement, salle de restauration, salle à manger, salle de sport.

12
Papillon

Déleste-toi de tes secrets enfouis

Le papillon est un insecte qui symbolise la transformation, la métamorphose et la renaissance. Il est souvent associé à la croissance personnelle, à la liberté et à la légèreté. Le processus de transformation du papillon, de la chenille à l'insecte ailé, est considéré comme une métaphore de notre propre croissance et transformation personnelle. Le mandala du papillon est relié à la beauté, à l'élégance et à la grâce. Il ouvre les yeux sur les grandes vérités personnelles et interpersonnelles.

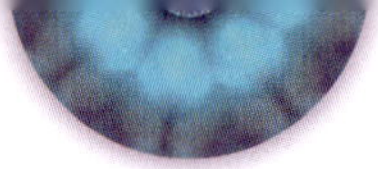

POUR ALLER PLUS LOIN

Message du mandala

Je garde un secret précieux, celui que tu ne veux partager qu'avec toi-même. Tu connais ce dernier et tu ne souhaites en aucun cas le révéler. Il est si bien enfoui que tu peines parfois à t'en souvenir. Si tu le laisses remonter à la surface, tu peux ressentir un certain malaise, alors tu préfères le taire. Peut-être à peine t'ai-je évoqué cela, que tes paupières se ferment, tu ne veux absolument rien voir. Sache que les secrets sont lourds à porter. Si tu le maintiens dans ton cocon, tu ne laisses pas la chrysalide se transformer en ce magnifique papillon que je suis. Je suis ton secret du futur, regarde comme je virevolte, regarde ce que les épreuves m'ont permis de transformer. Je tournoie de fleur en fleur, passe au-dessus de toi dans une danse impeccablement bien conduite. Ce que tu ne veux pas exprimer se nécrose. Ce que tu fais sortir de toi se magnifie, même si au départ cela te faisait peur. Il y a des secrets irrespirables, il y a des parts inconscientes de toi qui t'étouffent. Libère-toi, je viens te montrer la beauté de ce chemin.

PROBLÉMATIQUES QUE CE MANDALA PEUT APAISER: mémoires lourdes, traumatismes, phobies, anxiété, tristesse, dépressions chroniques, tensions de toute origine.

CONSEILS DE PLACEMENT: chambre à coucher, pièce de vie ou chambres d'enfants.

13
Dharana
Ton corps est ton refuge et ton guide

Dharana est un terme sanskrit qui fait référence à la pratique de la concentration ou de la focalisation de l'esprit. C'est la sixième étape du système de yoga de Patanjali, qui est appelé Raja Yoga. Dharana implique la capacité à maintenir l'attention sur un seul objet ou un point de concentration, en excluant toutes les autres pensées et distractions. Cette pratique est considérée comme une étape préliminaire à la méditation, car elle permet de calmer l'esprit et de le préparer à la méditation profonde. La pratique régulière de Dharana peut aider à améliorer la concentration, la mémoire et la clarté mentale pour pouvoir écouter profondément son corps et ses émotions. Concentre-toi sur le centre rouge du mandala pour te prêter à cet exercice.

POUR ALLER PLUS LOIN

Message du mandala

Toi seul(e) sais ce qui est bon pour toi. Il est vital de t'écouter profondément, de sentir tous ses canaux dans ton corps, le rythme de ton cœur, les influx qui passent au travers de tes nerfs, d'écouter ta musique intérieure et d'en faire une symphonie merveilleuse. Ton enveloppe charnelle est l'outil le plus puissant qui te permet de communiquer avec ton esprit, ton moi supérieur. Par le biais de ton enveloppe charnelle, tu peux ressentir l'extase ou le dégoût, l'amour ou la peur, la chaleur et le rejet, l'assimilation et les frissons de plaisir. Tu peux accéder à la transcendance et à la paix intérieure. Ton corps est ton repère, il est puissant et possède la connaissance. Il mène potentiellement à la guérison de l'âme. Nous l'oublions trop souvent et pourtant il est la clé qui te mènera à l'absolu, il y a encore tant à apprendre. Regarde-le, écoute-le, chéris-le, suis profondément ce qu'il te dicte, le corps ne ment pas. Il sait comment se nourrir, comment être en relation avec le monde, il te faut t'éloigner des diktats pour sentir vraiment ce qui est bon pour toi et que te soit révélé le chemin de la guérison.

PROBLÉMATIQUES QUE CE MANDALA PEUT APAISER : difficulté à rassembler ses idées, manque de clarté mentale, problèmes pour exprimer ses idées, son hyperactivité, ses troubles du sommeil.

CONSEILS DE PLACEMENT : ce mandala peut être placé dans la zone nord de ton habitation, dans une salle dédiée à la méditation ou dans une chambre à coucher.

14
Mère Divine

Relie-toi à la sagesse du Soleil

Le symbole de Mirra Alfassa (connue sous le nom de la Mère) à Auroville est une fleur de lotus géométrisée. Le lotus est également un symbole important dans la culture indienne, où il est associé à la divinité hindoue Brahma et à la création du monde. Le mandala de la Mère représente la spiritualité, la purification et la transformation.

POUR ALLER PLUS LOIN
Message du mandala

Observe avec attention le symbole au milieu du mandala. Il symbolise le Soleil, cette force de vie impénétrable et impassible qui rayonne en permanence. Cette immense étoile reste hermétique aux conflits et aux bas instincts. Il diffuse sa chaleur et sa lumière. C'est un modèle pour chacun, il nous invite à renouer avec notre nature profonde. Se relier à l'énergie du Soleil et faire illuminer nos cellules demande beaucoup de persévérance et d'amour. Lorsque tu sens que tu te perds, connecte-toi à la force et à la sagesse du Soleil. Puise une partie de son énergie pour diffuser l'amour, la tolérance et la justice. Tâche de t'élever chaque jour. Lorsque tu te sens en colère, prends une grande respiration pour t'apaiser et ne pas te laisser envahir. Lorsque tu es triste, pense à l'amour des Cieux. Lorsque tu es perdu(e), relis-toi au Soleil. La nature est la manifestation de cette énergie solaire, elle suit imperturbablement son chemin d'évolution au rythme de son intensité. Elle utilise sa chaleur et sa luminosité pour l'honorer de ses créations. À ton tour d'offrir ce qu'il y a de plus beau en toi au monde ! Laisse émerger ta puissance créatrice ! Tu vas mettre au monde des trésors.

PROBLÉMATIQUES QUE CE MANDALA PEUT APAISER : manque de confiance en soi, instabilité, fatigue physique et émotionnelle, trop-plein, manque de créativité, difficulté à se relier au divin et aux énergies subtiles.

CONSEILS DE PLACEMENT : ce mandala peut être positionné dans une pièce au sud de ta maison ou au-dessus de la porte d'entrée.

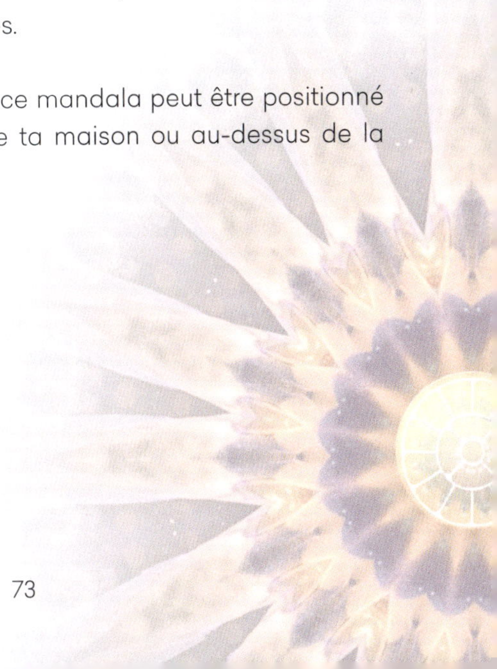

15

Vénus bleue

Cultive les perles de ton âme

La déesse Vénus est la déesse romaine de l'amour, de la beauté, de la fertilité et de la séduction. Elle est également associée à la prospérité et à la victoire. Dans la mythologie romaine, Vénus est considérée comme la mère de Cupidon, le dieu de l'amour. Elle est souvent représentée comme une belle jeune femme, vêtue de robes élégantes et tenant une pomme, un miroir ou une colombe. Vénus était vénérée dans toute la Rome antique et était fréquemment associée à des fêtes et à des célébrations. Son équivalent dans la mythologie grecque est Aphrodite. Le mandala de Vénus ouvre à la beauté et l'harmonie, il réveille le sens du délicat et de l'esthétique et ravive les cœurs endormis.

POUR ALLER PLUS LOIN
Message du mandala

L'eau est une grande source d'inspiration, tu y puiseras des idées comme des fruits délicats et gorgés de soleil en plein été. L'eau qui est en toi est conductrice. Les artistes savent se relier de cette manière à Gaïa et à son liquide amniotique qui les nourrit spirituellement. Crée la beauté, puise dans ton cœur pour faire naître l'harmonie. Il te faut aussi te sentir beau ou belle, il te faut ressentir que chacune de tes paroles ou intentions engendre la beauté. Sens la danse de l'eau qu'exerce le vent sur ta peau en venant informer chacune de tes cellules. Tu peux te transformer, tu peux agir sur ton héritage. Tu peux te modeler, comme Pygmalion sculpte sa Galatée. Tu peux évoluer. Rien ni personne ne peut t'en empêcher. Si tu y crois profondément, tu peux incarner la beauté, faire rayonner ton âme, faire vibrer ton aura des couleurs les plus célestes. Fais de tes prétendus défauts des particularités inspirantes. Considère les obstacles posés sur ton parcours comme des balises à contourner.

Vois les épreuves comme des enseignements qui polissent ton ego et rendent ton âme étincelante. Ne laisse personne détruire ce travail merveilleux que tu entreprends, ce sont des ignorants. Vis et vibre au rythme du cœur de Gaïa. Lorsque tu percevras la beauté autour de toi et que les larmes de joie couleront doucement sur ta joue, recueille ces perles et conserve-les dans ta boîte à secrets. Protège-les comme un trésor. Il s'agit là de ton immense richesse. Celle-ci ne se perd jamais, car chaque larme de joie et de gratitude que tu laisses échapper de tes yeux est un cadeau impalpable que tu offres au monde et à tes bienfaiteurs. Toi aussi, œuvre pour récolter ces perles. L'artisan que tu deviendras pourra à son tour enseigner la joaillerie de l'âme.

PROBLÉMATIQUES QUE CE MANDALA PEUT APAISER : manque de vitalité et de joie, difficulté à créer, manque de perspective dans son existence, sensation de vide.

CONSEILS DE PLACEMENT : ce mandala peut être placé dans un salon de beauté, de massage, dans la zone sud de ton habitation, dans un dressing ou une chambre à coucher.

16
Arum blanc thérapeutique

Chéris ton corps, temple de ton âme

La couleur verte est souvent associée à la guérison, à l'équilibre et à la nature. Elle a des propriétés apaisantes : elle peut réduire le stress et favoriser le bien-être général.
La fleur d'arum blanc est le symbole de la pureté, de l'innocence et de la modestie. Elle est souvent utilisée lors de mariages et d'autres cérémonies pour représenter l'amour pur et sincère, ainsi que pour représenter la nouvelle vie et la virginité. La forme de la fleur d'arum, avec sa tige fine et son spadice en forme de colonne, est également parfois interprétée comme un symbole de la fertilité.

POUR ALLER PLUS LOIN
Message du mandala

Connaître les lois qui font fonctionner ton corps est indispensable pour rester en bonne santé. Il y a de grands principes à intégrer. Mais avant cela, il faut s'observer et écouter la réponse de ton corps face aux stimuli externes. Tout doit être profondément équilibré. Ton corps physique et la nourriture que tu lui apportes sont fondamentaux. Se mettre en mouvement est aussi essentiel. Tes émotions sont le baromètre de ton état physique. Par exemple, la fatigue peut provoquer de l'irritabilité. Tes actes ont des conséquences sur ton corps. Tout est régi par une simple loi de causalité et de réciprocité. Tout ce qui est semé est récolté. Si tu provoques de la tristesse autour de toi par tes comportements, ton corps ressentira cette dysharmonie et finira par l'exprimer à tes dépens. En revanche, si tu donnes de la joie aux autres, tu en éprouveras à ton tour. Tout doucement, elle s'installera en toi de manière durable. Ton corps et tes émotions font partie de ta nature animale, inférieure qu'il te faut chérir. Quand tu y parviens, tu contactes ta nature divine et supérieure. Tu peux ainsi servir le royaume de Dieu. Viennent alors l'abondance et la fertilité. Là est le secret de ta bonne santé et de ta longévité.

PROBLÉMATIQUES QUE CE MANDALA PEUT APAISER : maux de l'âme liés au sentiment d'abandon, dysharmonie familiale et dans le couple, tensions et conflits liés aux héritages, déséquilibres physiologiques et émotionnels.

CONSEILS DE PLACEMENT : ce mandala peut être placé dans un salon ou un cabinet thérapeutique.

17 Ganesh

Laisse-toi porter par ta soif de vérité

Ganesh est un dieu hindou, également connu sous le nom de Ganesha ou Ganapati. Il est souvent représenté avec une tête d'éléphant et un corps humain. Ganesh est considéré comme le dieu de la sagesse, de l'intelligence, de la chance et de la prospérité. Il est vénéré dans toute l'Inde et est généralement invoqué au début de tout nouveau projet ou entreprise pour apporter la bonne fortune. Ganesh est par ailleurs réputé pour être le protecteur des voyageurs et des étudiants. Selon la mythologie hindoue, Ganesh est le fils de Shiva et de Parvati. Il est fréquemment représenté avec une défense cassée, symbole de sa victoire sur l'ego et l'ignorance. Il favorise l'équité et la justice tout en levant les obstacles qui se présentent.

POUR ALLER PLUS LOIN
Message du mandala

La recherche de la vérité est une quête sans fin. Elle peut devenir le fil conducteur de ton existence. Parfois, tu ignores ce que tu cherches. Une impression? Une émotion? Un état modifié de conscience? T'es-tu demandé au fond ce que tu désires? Existe-t-il un plus grand secret que cela? Ce que tu veux est parfois inavouable, même vis-à-vis de toi-même. Alors, comment le formuler, si ce n'est par la recherche de cette vérité, celle qui transcende tous les êtres, qui te transporte et te fait vibrer au son de l'univers? Lorsque tu détiens cette évidence, elle ne s'échappe plus, elle est en toi pour toujours, et même si tu l'oublies, elle œuvre chaque jour pour te guider dans ce bas monde qui se montre quelques fois âpre. Ta soif d'éthique et de justice te conduit vers cette grande vérité. Est-elle absolue? Oui, elle l'est. Peut-elle s'appliquer à tous? Oui, elle le peut. Elle est indéfectible et t'accompagne dans ta quête. Tu es un(e) chercheur(se) de vérité, et ceci est tout à ton honneur. Ganesh t'accompagne dans cette quête introspective et profonde qui te mènera jusqu'aux confins de l'univers et du cosmos.

PROBLÉMATIQUES QUE CE MANDALA PEUT APAISER : épreuves de vie liées à des situations juridiques et/ou financières difficiles.

CONSEILS DE PLACEMENT : ce mandala peut être positionné au-dessus de ta porte d'entrée, dans la zone est de ta maison ou dans la pièce dans laquelle tu ranges tes dossiers administratifs ou ton archivage numérique.

18

Icosaèdre

Au cœur de la bataille émergera la profondeur de ton être

L'icosaèdre est un polyèdre régulier à vingt faces. Il fait partie des cinq solides de Platon. Dans la symbolique, il est souvent associé à l'élément de l'eau et au chakra de la gorge, qui est lié à la communication et à l'expression de soi. L'icosaèdre est également vecteur de créativité, d'imagination et d'inspiration. Dans certaines traditions, l'icosaèdre est considéré comme un symbole de l'univers et de la perfection divine, représentant l'harmonie et l'équilibre dans toutes les choses. Le mandala de l'icosaèdre est fréquemment utilisé pour représenter la conscience collective et la connexion entre toutes les formes de vie. Il favorise l'intelligence émotionnelle.

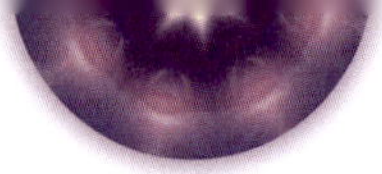

POUR ALLER PLUS LOIN
Message du mandala

Les émotions sont des avertisseurs, elles sont le système immunitaire de ton âme. *Animus* est la racine du mot «âme» qui signifie «s'animer». L'âme a besoin de se mouvoir dans ton corps, d'aviver la flamme de la vie et de puiser dans ce qu'elle a appris pour se manifester dans ton enveloppe physique. Tu dois faire preuve d'une grande intelligence et d'une immense sagesse pour que ton corps s'anime au rythme de ton étincelle divine. Ton mental est un chef d'orchestre. Lorsque ton âme se trouve prisonnière à l'intérieur de toi-même et qu'elle ne peut plus s'exprimer, elle fera naître une émotion qui agira de manière défensive. Cette dernière t'informe que ta raison et ton âme, piliers de ta nature divine et supérieure, ont été vaincues. Reprendre le dessus est un combat difficile. Les plus grands maîtres enseignent cet art ardu. Apprendre à manier les armes et à les baisser à bon escient requiert un engagement sans faille ni repos. Au cœur de cette bataille sourd la véritable acceptation de ce que tu es.

PROBLÉMATIQUES QUE CE MANDALA PEUT APAISER : troubles du comportement, difficultés émotionnelles, nervosité, combativité inappropriée, agressivité.

CONSEILS DE PLACEMENT : ce mandala peut être placé dans un espace de thérapie et de parole, dans un atelier ou dans un bureau.

19
Le silence

Laisse-toi inspirer par le silence

Le silence est souvent considéré comme une pratique intérieure dans de nombreuses traditions religieuses et spirituelles. Il peut aider à calmer l'esprit et à réduire les distractions, ce qui peut permettre une meilleure concentration et une plus grande clarté mentale. Il aide à calmer les émotions et à apporter une paix intérieure profonde. Cette discipline permet de réfléchir sur la vie, de méditer sur des questions spirituelles et d'explorer les profondeurs de l'âme. Le mandala du silence favorise la clarté mentale, la paix intérieure, la connexion cosmique. Il aide potentiellement à se libérer des pensées et des comportements négatifs.

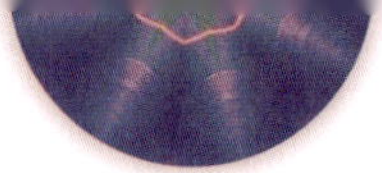

POUR ALLER PLUS LOIN
Message du mandala

L'inspiration est fugace. Il faut s'y rattacher avec délicatesse, écouter autour de soi et puiser dans toutes les subtilités qui nous englobent pour pouvoir accéder à nos rêves. Il y a tellement de choses à découvrir, mais pour cela, il est important de faire régner le silence autour de soi. Nous sommes happés par la communication tous azimuts, et les réseaux sociaux s'emparent de chacun de nos souffles. Il n'en demeure pas moins que ralentir semble être la bonne attitude pour accéder au monde subtil et en recevoir des idées. Vivre en harmonie avec les saisons en se préoccupant de ses besoins physiologiques et en prenant le temps de contempler la vie qui s'anime autour de soi est essentiel. As-tu déjà éprouvé la sensation d'être dans une temporalité différente ? Dans ces moments, tu vois les autres s'affairer alors que tu vis au ralenti dans une paix et une sérénité que chacun pourrait envier. Lorsque tu te trouves sur cette fréquence, tu peux contacter les Cieux et l'inspiration qu'ils insufflent. Il s'agit donc d'instaurer le silence, de faire du rangement à l'intérieur et à l'extérieur, d'observer et de se défaire du superflu, de ce qui indispose et crée de la tension inutile. Le vide est là lorsque le ménage se fait. Ce vide est salvateur, car il est chargé d'informations précieuses. Les peurs t'évitent d'y faire face, car l'être humain l'associe au néant. Plonger pleinement à l'intérieur de ce vide entraîne effectivement l'extinction de ton ego, mais pas celle de ton âme. Si tu te sens triste dans cet espace, ferme les yeux et demande à communiquer avec tes guides, ils sont tout près de toi. Ils t'épaulent à chaque instant. Tu verras ainsi que les idées fleurissent dans ta tête et à quel point tu feras le bien autour de toi.

PROBLÉMATIQUES QUE CE MANDALA PEUT APAISER : difficulté à se relier à ses émotions et ressentis, dispersion, manque de confiance en soi, autosabotage, sentiment d'imposture.

CONSEILS DE PLACEMENT : ce mandala peut être positionné dans un couloir (sur le mur du fond), dans une salle dédiée à la méditation ou dans la zone est de ton habitation.

20
Temps et infini

Considère les limitations imposées par le temps et l'espace comme des tremplins

Le symbole de l'infini est représenté par une boucle horizontale qui ressemble à un chiffre huit couché sur le côté. Cette boucle peut être de taille variable, mais elle est généralement symétrique et continue, sans début ni fin. La fonction du symbole de l'infini est de représenter l'idée d'une quantité ou d'un concept dénué de limites ou de fin. Il est souvent utilisé en mathématiques pour représenter l'infini, qui est une notion abstraite qui signifie «sans fin». Le symbole de l'infini est également utilisé dans les domaines de la philosophie, de la spiritualité et de l'art. Le mandala de l'infini ouvre l'esprit sur des concepts tels que l'éternité, l'immensité et l'indéfini.

POUR ALLER PLUS LOIN
Message du mandala

Nous sommes contraints dans cette incarnation de mesurer le temps et d'appréhender l'espace. Dans l'absolu, tout ceci n'est qu'une illusion. Cependant, il s'agit d'une réalité dont l'être humain ne peut véritablement s'extraire. Cette situation inextricable est un outil d'émancipation et de conscientisation extrêmement puissant, car c'est au travers de contraintes que l'âme agit. Quand vous pratiquez un sport, vous vous adaptez aux contraintes par vos efforts musculaires et vous vous fortifiez. Il faut bien entendu trouver un équilibre et veiller à ne pas se faire mal. Dans la vie, c'est pareil, les exigences liées au temps et à l'espace apportent la fortification de la personnalité, et lorsque celle-ci est suffisamment construite, elle peut laisser libre cours à l'expression de sa nature supérieure en développant des valeurs fondamentales telles que l'altruisme et l'équité. Il n'y a rien de plus précieux. Oui, nous sommes pressés. Oui, nous sommes frustrés. Oui, cela ne va pas assez vite. Mais regarde autrement ! Vois ces contraintes comme des atouts qui te font grandir. Elles t'éduquent pour que tu deviennes plus fort(e). Dans la vie, tout est fractal et si tu regardes autour de toi, tu verras que cette loi est partout, en tout et pour tout. Alors, en lieu et place de lutter contre cette condition, accepte-la avec le plus d'amour et de compassion possible.

PROBLÉMATIQUES QUE CE MANDALA PEUT APAISER : perte de repères et de sens dans l'existence.

CONSEILS DE PLACEMENT : ce mandala peut être positionné dans la zone est de ta maison.

21 Jeanne d'Arc

Laisse-toi inspirer par le discours de Jeanne d'Arc

Jeanne d'Arc est une figure importante de l'histoire de France. Elle est connue pour avoir mené les troupes françaises à la victoire lors de la guerre de Cent Ans contre les Anglais, en dépit de son jeune âge et de son manque d'expérience militaire. Elle a également été reconnue pour sa foi en Dieu et pour avoir suivi les voix divines qui lui ont ordonné de libérer la France. Jeanne d'Arc est devenue un symbole national de la France et est considérée comme une héroïne nationale pour son rôle dans la libération de son pays. Le mandala de Jeanne d'Arc symbolise la résistance, le courage, la détermination et la foi.

POUR ALLER PLUS LOIN
Message du mandala

Les pieds dans l'herbe, une légère brume sur mon visage, je sens toujours l'odeur du pain de seigle chaud cuisant dans le four. Je ne suis encore qu'une jeune fille, je ne sais pas encore très bien ce qui m'habite, je me pense vouée à une destinée quelconque jusqu'au jour où j'entends la Voix de l'Ange et que j'effleure la magnifique étole de sainte Catherine et en respire le doux parfum. Saint Michel vient m'annoncer la prophétie, je ne le crois pas au départ, pensant que je me laisse aller à quelque songe. Puis je ne peux qu'admettre sa présence et écoute attentivement ce qu'il me dit. Je souhaite que tout soit plus facile, mais au fond de moi, je sais que je ne peux me résoudre à une vie simple. Je refuse de me marier ou de m'offrir à un homme, je me nomme Jeanne la Pucelle et je vais au bout de ma quête. Lorsque l'on est habité par des convictions et guidé par ses maîtres, rien ne sert de lutter, il faut se soumettre à la volonté de Dieu et exercer son pouvoir. Refuser d'entendre est comme une mort intérieure, tout s'éteint à petit feu, le corps se flétrit, il se contracte, il ne reçoit plus rien, il dit non jusqu'à mourir. Alors, oui, j'ai le choix, je renonce à une vie confortable auprès de mes parents, je choisis de me surprendre et de supporter les moqueries et les quolibets. Je surmonte mes peurs de femme. Je sais à peine poser le pied sur un étrier et mes habits ne me siéent guère. Pourtant, il me faut détrôner le roi pour en oindre un, il faut pour cela que je sois guidée et protégée. Je ne regrette rien, je suis Jeanne d'Arc, dite Jeanne la Pucelle, et je réponds à l'appel de Dieu.

PROBLÉMATIQUES QUE CE MANDALA PEUT APAISER : doutes, manque de confiance en soi, difficultés à écouter son intuition et les messages extérieurs, peurs et freins à aller vers ses projets et envies.

CONSEILS DE PLACEMENT : ce mandala peut être positionné dans un bureau ou dans la zone nord de ton habitation.

22
Sainte Apolline

Reste souverain(e) de ton corps

Sainte Apolline (ou Apollonia) est une sainte chrétienne vénérée par les Églises catholique et orthodoxe. Elle est considérée comme la sainte patronne des dentistes et des personnes souffrant de maux de dents. Selon la tradition, elle a été martyrisée à Alexandrie, en Égypte, pendant la persécution de l'empereur romain Philippe l'Arabe au IIIe siècle. Elle a refusé de renoncer à sa foi chrétienne et a été torturée, notamment en se faisant arracher les dents. Elle est morte en martyre lorsqu'elle a été jetée dans un bûcher. Le mandala de sainte Apolline peut aider à dissoudre les mémoires traumatiques.

POUR ALLER PLUS LOIN
Message du mandala

Il y a des maux dans le corps qui sont le reflet des mots que tu n'arrives pas à exprimer. Les êtres humains ont naturellement envie de nier ces symptômes et d'agir pour qu'ils n'existent plus ou qu'ils n'aient jamais existé. Ils sont cependant des indicateurs et ils doivent devenir des amis bienveillants qui te guident. Lorsque tu éprouves une douleur, visualise-la. Concentre-toi dessus. Puis, imagine une pluie d'or se déversant sur ce point qui te fait souffrir. Ce dernier se décristallisera progressivement et à son rythme naturel. S'il s'agit d'un mal purement « mécanique », comme une coupure, par exemple, et non énergétique (quoique les deux soient tout de même profondément liés), il te faut animer ton corps pour que la douleur s'apaise. Une fois cette étape passée, tu peux prendre un temps pour respirer, méditer et te remercier d'avoir su trouver le chemin vers la guérison. Après ce temps de recueillement, tu verras à quel point tu as les idées claires, peut-être n'auras-tu pas compris la cause de ta souffrance, les mots ne seront pas posés, mais ton corps aura effectué le travail de purification nécessaire. Tu pourras lui rendre grâce et te hisser au rang de souverain(e).

PROBLÉMATIQUES QUE CE MANDALA PEUT APAISER : mémoires transgénérationnelles et traumatiques, déracinement et perte de repères, maux de l'âme qui se transcrivent dans le corps, sensation d'isolement.

CONSEILS DE PLACEMENT : ce mandala peut être placé dans une chambre à coucher ou dans la zone ouest de ton habitation.

23
Lakshmi

Ouvre ton cœur et le flot de la vie jaillira

Lakshmi est considérée comme une déesse bienveillante et protectrice, apportant la richesse et la prospérité à ceux qui l'honorent avec dévotion. Elle est également la déesse de la fortune dans le panthéon hindou. On la voit avec des pièces d'or et des bijoux. Lakshmi est habituellement représentée avec quatre bras, portant des symboles tels que des pièces d'or, une fleur de lotus, une conque et un disque. Elle est également associée à la sagesse et à la connaissance. Lakshmi est vénérée dans l'hindouisme et est considérée comme l'une des déesses les plus importantes. Le mandala de la déesse Lakshmi est porteur de prospérité, de richesse, de fortune, de beauté, de générosité et de fécondité dans tous les domaines de l'existence.

POUR ALLER PLUS LOIN

Message du mandala

Ma puissance réside dans ton regard et celui de mon maître, l'immense Créateur. Lorsque tu poses tes yeux sur moi et que tu te relies à mon cœur, tu ne peux que voir la beauté et la fortune que t'offre ce monde. Si tu te voues corps et âme au bien, la fortune te sourira. L'abondance viendra comme un flot de paroles qui t'éveille. Il est essentiel d'exprimer ta dévotion envers autrui. Tu verras à quel point je te remercierai et à quel point tu pourras me regarder avec amour. Je suis le résultat de cette beauté et de cette abondance qu'offre la vie sur Terre. Embrasse-moi de toutes tes forces, pare mes pieds de lotus, vénère-moi pour que je puisse te seconder quand tu ressens des difficultés intérieures. Demande-moi de t'ouvrir les bras pour te déverser des pluies d'or. Je détruirai ainsi tes souffrances. Pour cela, il faut savoir placer ses paumes vers le ciel pour recevoir et percevoir ce que je te susurre. Ma beauté te dit à quel point la vie resplendit et recèle de trésors dont tu fais partie. Crois fermement en cela. Mets tout en œuvre pour ouvrir ton cœur, servir le monde et honorer le Créateur. Je te guiderai alors pour transcender tes peurs et les aspects noirs de ton existence. Tu pourras ainsi embrasser la joie, la vie et la richesse.

PROBLÉMATIQUES QUE CE MANDALA PEUT APAISER: difficultés liées à la matérialité (argent, immobilier, entreprise).

CONSEILS DE PLACEMENT: ce mandala peut être placé dans une pièce où tu collectes de l'argent, au-dessus de la porte d'entrée d'un commerce ou d'un lieu recevant du public.

24
Lys
La victoire est le doux prolongement du détachement

La fleur de lys est un symbole qui a une signification différente selon les cultures et les époques. Elle est souvent associée à la royauté, à la noblesse, à la pureté et à la perfection. Dans la culture française, la fleur de lys est un symbole de la monarchie et de la royauté, représentant la puissance et la grandeur de la France. Elle est également associée à la Vierge Marie dans la religion catholique, gage de sa pureté et de sa virginité. Dans la culture égyptienne ancienne, la fleur de lys était un symbole de la fertilité et de la régénération. Dans la culture japonaise, la fleur de lys est appelée yaguruma et symbolise la roue de la vie, la croissance et la prospérité. Le mandala de la fleur de lys conduit sur le chemin de la guérison physique, émotionnelle et spirituelle.

POUR ALLER PLUS LOIN
Message du mandala

Plonger dans les tréfonds de ses racines est un acte de courage. De nombreuses mémoires ancestrales agissent comme des générateurs intermittents d'angoisse et d'incertitude. Lorsque l'enfant naît, il arrive sur Terre avec un certain bagage génétique. Les traumatismes et les secrets enfouis des générations précédentes se cristallisent dans son ADN. Il n'y a cependant pas de déterminisme. Chacun peut endiguer ces douleurs et décristalliser les mémoires afin de les rendre plus douces à vivre. Nous pouvons également agir sur notre propre génétique et la modifier pour réduire les risques de maladie. Il nous est nécessaire d'assouplir notre corps et de le vivifier pour en relâcher les tensions. Le secret de l'éveil se dévoile doucement au travers de ces lignes. Sache que tout est modulable à condition de démarrer par les racines. En d'autres termes, écoute profondément tes désirs, même les plus vils, et sublime-les par des actions qui apportent l'harmonie pour la Terre et ses habitants.

En cela, tu trouveras le moyen d'agir le plus sûrement sur ta génétique et, par extension, ta conscience. En t'abandonnant à des désirs issus de ta nature inférieure, tu entres irrémédiablement dans ton déterminisme génétique. Prendre le temps de détacher ses instincts et ses émotions de son esprit est le secret de la victoire.

PROBLÉMATIQUES QUE CE MANDALA PEUT APAISER : résistances aux changements, peurs, anxiété, manque de sensibilité, émotions refoulées, difficultés pour concrétiser les projets.

CONSEILS DE PLACEMENT : chambre à coucher, bureau et couloir (mur du fond).

25
Athéna

Laisse une grande place à tes rêves, ils sont les souvenirs de ton avenir

Dans la mythologie grecque, Athéna est la déesse de la sagesse, de la guerre, de la stratégie militaire, de l'artisanat, de la justice et de la civilisation. Elle est souvent représentée avec une armure, un casque, une lance et un bouclier, symbolisant sa puissance et sa protection. La chouette est également associée à Athéna, figure de la sagesse et de la connaissance.

Athéna est considérée comme une déesse protectrice, qui veille sur les héros et les citoyens. Elle est par ailleurs connue pour sa sagesse et son intelligence, ainsi que pour sa capacité à résoudre les conflits de manière pacifique. Comme déesse de l'artisanat, elle est associée à la création et à la beauté, et elle est souvent représentée avec des outils tels que des aiguilles et des tissus. Le mandala d'Athéna symbolise la sagesse, la guerre juste, la protection, la créativité et le bien commun.

POUR ALLER PLUS LOIN
Message du mandala

La fascination de votre société pour l'avoir et l'apparat la conduit dans une misère ontologique. La violence démesurée qu'exerce sur vous la surexposition pompière de vos idoles de pacotille vous rend fous et serviles. Il n'y a plus de place à la singularité. Vous avez tous été dotés de merveilleux dons et de spécificités que vous devez offrir au monde. Je ne veux pas vous culpabiliser, car je vous aime intensément. Je ne veux pas non plus appuyer sur vos blessures. Le monde dans lequel vous vivez est particulièrement égoïste. Il vous livre en pâture au regard scrutateur des réseaux sociaux qui vous contorsionnent pour que vous puissiez vous glisser dans la fente Internet. Où est la solidarité ? Les êtres humains devraient rester soudés. Ils devraient porter les blessures de leurs compagnons tout autant que ces derniers portent les leurs et les pansent. Qu'en est-il de l'amour de son prochain ? Il ne reste que désolations, rires et humiliations. Quand l'humanité va-t-elle s'autoriser à s'incarner en tant qu'êtres humains vertueux ? Quand l'humanité s'arrêtera-t-elle de s'illusionner derrière des écrans de fumée qui ne sont que des mirages ? Regarde ce que tu es profondément et cultive-le. Aime les autres pour ce qu'ils sont intrinsèquement. Ils ne correspondent pas aux images idéalisées que tu t'es créées ? Et alors ? Embrasse-les, soutiens-les quand ils vont mal, soigne-les, donne tout l'amour que tu as et que tu souhaites que l'on t'octroie lorsque tu as les genoux à terre. Le monde est en proie à une telle violence ! Si je devais offrir un cadeau aux hommes de ton temps, comme j'ai fait cadeau d'un olivier aux Athéniens, je leur offrirais de nouvelles histoires inspirantes. Elles ne reposeraient pas sur l'axe narratif du « regardez comme j'ai une belle vie », mais sur celui d'hommes et de femmes qui auraient le goût pour la fraternité. Je leur montrerai ce qu'est l'âge d'or de l'humanité afin que chacun d'entre vous puisse rêver votre nouveau monde, celui que vous voulez voir émerger de votre vivant et que vous verrez ! Parce qu'un projet commence toujours par un rêve. En attendant, je t'invite à fermer les yeux après la lecture de ce texte, je vais m'approcher de toi et te raconter un bout de cette histoire. Ce sera à ton tour de la rêver pour qu'elle se réalise un jour.

PROBLÉMATIQUES QUE CE MANDALA PEUT APAISER : conflits, manque de loyauté et d'éthique, séparation difficile, souveraineté intérieure affaiblie, difficulté à faire aboutir les projets, manque d'inspiration et d'idées.

CONSEILS DE PLACEMENT : ce mandala peut être placé dans une cuisine, une salle à manger, un atelier d'artisanat ou un bureau.

26
Rose blanche

Laisse-toi guider par la cartographie de ton cœur

La rose blanche est un symbole de pureté, d'innocence, de paix et d'amour. Elle est souvent associée à des événements heureux tels que les mariages et les naissances. Dans la religion chrétienne, la rose blanche est également associée à la Vierge Marie et à la pureté de son cœur. La rose blanche peut, par ailleurs, représenter l'espoir et la promesse d'un nouveau départ, ainsi que la gratitude et l'appréciation. Enfin, la rose blanche peut être un symbole de respect et de reconnaissance pour une personne décédée, en particulier lorsqu'elle est offerte lors de funérailles ou de commémorations. Le mandala de la rose blanche symbolise la pureté, la dévotion, la gratitude, la foi et le respect de nos ancêtres.

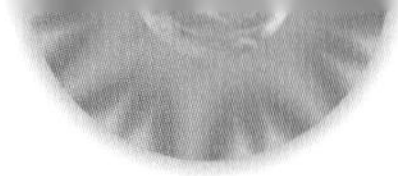

POUR ALLER PLUS LOIN
Message du mandala

Considère-moi comme une amie qui t'apportera tout le bien-être et le soutien dont tu as besoin. Il y a des moments dans la vie où les idées et les compréhensions émergent comme des feux d'artifice dont chaque lancer est acclamé par un « Eurêka ! ». Cependant, si tu es dans une période de doutes, tourne-toi vers moi et lis attentivement ce que j'ai à te confier. Peu importe le choix que tu vas faire. Il ne pourra jamais être qualifié de bon ou mauvais. Il y a des événements auxquels on ne peut pas échapper. Tout est déterminé. Tu es cependant maître(sse) de la vitesse avec laquelle tu franchiras les différentes étapes jonchant ton parcours. L'apitoiement n'est jamais bon conseiller. La conscience et la lumière douce posées sur tes blessures sont un catalyseur. Je parais frivole et fragile. Mon parfum embaumant diffuse ses effluves avec une certaine légèreté. Mais ne te fie pas à mon apparence ! La disposition de mes tendres pétales renvoie à la cartographie de ton cœur. Alors, si tu ignores quelle route prendre, observe la rose que je suis. Je deviens alors un puissant miroir de ton être pur et un guide pour te conduire vers plus de paix.

PROBLÉMATIQUES QUE CE MANDALA PEUT APAISER : aigreur, anxiété, colère, ressentiment, tristesse et désespérance.

CONSEILS DE PLACEMENT : ce mandala peut être placé au-dessus de la porte d'entrée de ta maison et/ou dans la pièce dans laquelle tu te sens le moins bien (chez toi ou au travail).

27

Shiva

Honore l'existence grâce à ta détermination et ton courage

Shiva est l'un des dieux les plus importants de l'hindouisme. Il est considéré comme le dieu de la destruction et de la régénération, ainsi que comme celui de la méditation et de la danse. Selon la mythologie hindoue, Shiva est le mari de la déesse Parvati et le père de Ganesha et de Kartikeya. Il est souvent représenté avec une peau bleue, des cheveux noués en chignon, un troisième œil sur le front et un trident dans la main. Il est également dépeint dansant sur le démon de l'ignorance, Nataraja. Les adeptes de Shiva le considèrent comme un dieu bienveillant, qui peut apporter paix, sagesse et guérison pour ceux qui le vénèrent. Le mandala de Shiva accompagne dans les périodes de transition existentielle et favorise les changements.

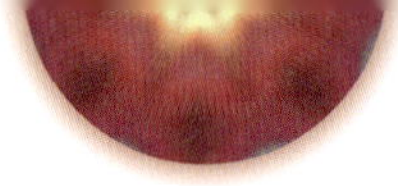

POUR ALLER PLUS LOIN
Message du mandala

La vie naît de l'alliance de la transcendance et de l'immanence. Sans le mariage oxymorique de ces deux principes, le démiurge ne peut perpétuer sa puissance. Cette union génère une friction nécessaire à la genèse du monde. Un état de joie permanent s'installe alors durablement. Le vrai bonheur peut émerger, la libération de l'esprit s'opère. Les hommes sont comparables à des funambules qui s'évertuent à rester en équilibre sur un fil, allégorie du temps qui renferme en lui l'expérience. Dans ce jeu d'équilibriste, ils actionnent la mécanique alimentée par l'essence de l'esprit. Derrière eux, tout s'embrase. Devant eux, le fil s'allonge et s'élargit à l'infini, à condition qu'ils sachent conduire avec intelligence et sagesse. Un grand nombre d'entre eux commettent l'erreur de se retourner et de voir le chaos qui les poursuit. Alors, le risque de chuter dans les abîmes de l'inconscience est grand. Il faut être armé de courage et de détermination pour se discipliner à regarder devant soi. Des mains fermes tiennent le bâton de l'équilibriste avec force. Elles seules le guident sur la route de la gloire. Le bal est alors ouvert aux autres funambules touchés par la miséricorde qui laissent découvrir alors à nos yeux émerveillés un spectacle grandiose.

PROBLÉMATIQUES QUE CE MANDALA PEUT APAISER : désœuvrement, résistances aux changements, peur de la vieillesse et de la maladie, crainte de sa propre puissance et de ses désirs.

CONSEILS DE PLACEMENT : ce mandala peut être placé dans une zone très visible de ta maison, le temps que la transition opère.

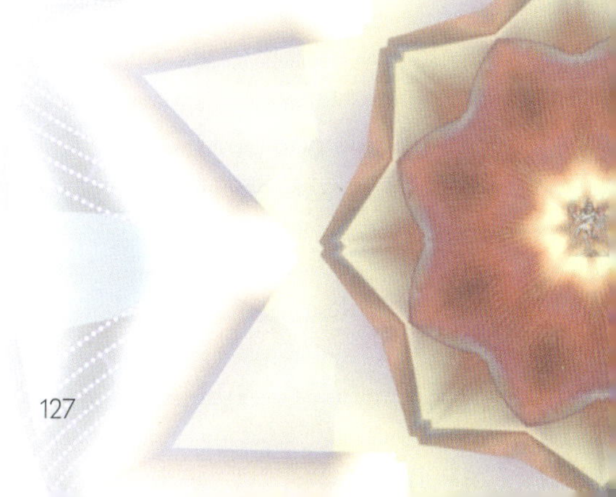

28
Isis
Ta détermination fera de toi un être inspirant

Isis est une déesse de la tradition antique égyptienne. Elle a aidé à ressusciter son époux, le dieu Osiris, après qu'il a été tué par son frère, Seth, en rassemblant les morceaux de son corps. Isis est souvent représentée avec une coiffe en forme de trône, symbolisant son rôle de protectrice, et avec des ailes, incarnant son pouvoir de voler dans les cieux. Elle est également illustrée allaitant son fils Horus, qui est considéré comme le dieu du ciel et de la guerre. Isis était vénérée dans toute l'Égypte ancienne et son culte a été adopté par les Romains et les Grecs.
Le mandala d'Isis est associé à la maternité, à la fertilité, à la résurrection, à la magie et à la protection.

POUR ALLER PLUS LOIN
Message du mandala

Tu ressens parfois de la tristesse. Un désœuvrement t'envahit, il semble venir de nulle part. Tu ne trouves pas de raison valable à cet état. Tu perçois seulement qu'un lien se rompt et que tes intuitions ne t'éclairent plus. Cela peut s'expliquer par le fait que ta conscience se détourne de ce que tu es profondément. Tu te laisses envahir par des pensées et habitudes délétères. Cette situation est paradoxalement une bonne nouvelle, car elle t'indique qu'il va falloir faire de l'espace en toi pour accueillir de nouvelles idées, innover, inventer de nouvelles façons de procéder ou de communiquer. Prends le temps de reconstruire progressivement le sentier qui te permettra de déployer tes ailes. Mon amour m'a conduite à aller chercher les lambeaux de chair d'Osiris disséminés de part en part pour lui redonner le souffle. Une fois cette première étape accomplie, il demeurait tout de même momifié, immobile, sans vie, mais enveloppé par le regard dévoué d'Anubis. Il était comme un trophée inerte à la gloire de mon amour, encore insuffisamment puissant, et de la victoire remportée sur la jalousie et la convoitise de Seth. Puis, la résurrection a eu lieu. Osiris a repris vie et il m'a donné un fils, Horus. Toi aussi, pars à la conquête de ton amour et de tes aspirations ! Ces dernières sont éparpillées et ont été arrachées à ton esprit par des êtres vils et vengeurs. Combats pour aller les chercher et créer ton œuvre à partir de tous ces bouts de toi que tu auras récoltés. Au début, tes idées peineront à s'articuler. Cependant, le temps leur permettra de s'incarner et de devenir fertiles. Puis, elles inspireront tant et tant d'amis et de congénères que tu pourras à ton tour déployer tes ailes. Je sais que cela demande beaucoup de courage et de ténacité. Tu possèdes ces vertus en toi, tu as déjà accompli une grande partie du voyage, je suis là pour que tu ne t'arrêtes pas en si bon chemin.

PROBLÉMATIQUES QUE CE MANDALA PEUT APAISER : difficulté à mener sa quête, perte de repères, jalousie, abandon, chemin de vie sinueux et escarpé, choix compliqué.

CONSEILS DE PLACEMENT : ce mandala peut être positionné en hauteur afin qu'il rayonne dans la pièce la plus souvent occupée de la maison.

29 Passiflore

La paix est fragile, deviens-en le gardien

La passiflore, par ailleurs connue sous le nom de « fleur de la passion », est une plante qui a une signification symbolique dans plusieurs cultures. Dans la religion chrétienne, la fleur de la passion est associée à la crucifixion de Jésus-Christ. Les différentes parties de la fleur – comme les pétales, les sépales et les étamines – sont interprétées comme des symboles de la couronne d'épines et des clous qui ont servi à crucifier Jésus, et de la lance utilisée pour lui percer le flanc. Dans certaines cultures amérindiennes, la fleur de la passion est considérée comme un symbole de paix et de tranquillité. Dans la culture aztèque, on recourt à cette plante à des fins médicinales et rituelles. Dans la médecine traditionnelle, la passiflore est utilisée pour ses propriétés relaxantes et calmantes. Elle est souvent employée pour traiter l'anxiété, l'insomnie et d'autres troubles du sommeil. Le mandala de la passiflore est un symbole de sérénité et de paix intérieure.

POUR ALLER PLUS LOIN
Message du mandala

Que faire quand tout va mal? Il y a des jours où tout semble morose. Le fait de se réfugier sous la couette est la seule chose raisonnable à accomplir. Tout concourt en cet instant malaisant à nous faire penser que cet état est irrémédiable et perpétuel. Le mental appelle au secours sans trouver d'issue, perdu dans des projections labyrinthiques. C'est terrifiant, affligeant et persécutant. Dans ce cas, il ne reste qu'une seule chose à faire: trouver l'événement qui a précédé cet état anxiogène. Qui as-tu vu? Que t'a-t-on dit? Est-ce que tu as répondu par l'affirmative à contrecœur? As-tu renoncé à une chose qui t'était précieuse? Pressens-tu un danger? Prends ton temps, car cet événement se voit non pas avec tes yeux et ton mental, mais avec ton cœur et ton intuition, fais-toi pleinement confiance. Tu verras alors la vérité émerger. Cela n'est pas si simple. En effet, les hypothèses peuvent fleurir dans ta tête et ensuite, il peut y avoir une sensation encore plus forte de confusion. Dans ce cas, prend une grande respiration et si tu n'arrives pas à voir ce qui ne va pas, demande-toi ce que tu désires dans l'instant, ce qui te ferait le plus plaisir et organise-toi pour l'accomplir, planifie-le si ce n'est pas le moment. Cela peut être une chose simple, il ne s'agit pas de révolutionner son existence. Tu peux te rendre dans un endroit que tu ne connais pas ou essayer quelque chose de nouveau pour sortir de ta routine. Tu peux appeler un ami et prévoir de le voir. S'adonner à une activité artistique ou sportive est également de bon augure. En somme, tu imagines potentiellement quelque chose qui te fasse du bien non pas pour fuir, mais pour retrouver de la vitalité. Si malgré tout cela, tu ne vois pas, prends le temps de faire une pause, de ne rien faire, de t'allonger, de te reposer et d'attendre que les nuages passent pour que la lumière vienne enfin à toi. Prends soin de toi et préserve la paix en toi.

PROBLÉMATIQUES QUE CE MANDALA PEUT APAISER : insomnies, anxiété, conflits, stress, neurasthénie.

CONSEILS DE PLACEMENT : ce mandala peut être placé dans une chambre à coucher.

30

MÉDITATION

« Aum »

Découvre les secrets de l'univers en méditant

Le son « Aum » (ou « Om ») est un symbole important dans la religion hindoue et dans d'autres traditions spirituelles de l'Inde. Il est considéré comme le son primordial de l'univers, représentant la conscience suprême et l'unité de toutes les choses. Le son « Aum » est composé de trois syllabes: « A »,

« U » et « M ». Chacune de ces syllabes représente un aspect différent de l'univers :

- « A » représente la création, le début de toutes choses ;
- « U » représente la préservation, la continuité de toutes choses ;
- « M » représente la destruction, la fin de toutes choses.

Le mandala « Aum » est souvent utilisé à des fins de méditation et de prière pour aider à atteindre un état de conscience supérieure et de paix intérieure.

POUR ALLER PLUS LOIN
Message du mandala

Lorsque nos yeux se ferment et que nous plongeons dans notre espace intérieur, nous y rencontrons le grand vide, un état d'union absolue. Nous redevenons des étoiles toutes reliées les unes aux autres, indissociables, impalpables, et des bouts de Soleil qui scintillent dans l'espace de l'infini. Il n'y a plus de séparations entre nous, nous sommes tous unis et le Soleil règne en maître. Lorsque nous fermons les yeux et que les pensées parasites s'effacent ou se font d'une discrétion extrême, une énergie circule dans notre corps de manière fluide et puissante. Le troisième œil s'ouvre, offrant au regard interne les couleurs les plus chatoyantes. Je vous parle depuis cette source, cette graine de vie que le son fait vibrer et qui sous-tend l'équilibre de l'univers. Lorsque tu prononces le son « Aum », tu te relies à l'origine et tu invites ton corps et ton âme à participer à la symphonie mystique.

PROBLÉMATIQUES QUE LE MANDALA PEUT APAISER : difficultés à se relier à son essence, troubles de la concentration, manque de confiance en l'existence, mental agité.

CONSEILS DE PLACEMENT : ce mandala peut être placé face à la porte d'entrée de ta maison en guise d'accueil, dans un bureau ou une salle de méditation.

31
Ours

Les moments de repos sont essentiels à l'équilibre de ton monde intérieur

L'ours est considéré comme un symbole de force, de courage et de protection. Dans la mythologie grecque, par exemple, l'ours est associé à la déesse Artémis, déesse de la chasse et de la nature sauvage. Dans la culture amérindienne, l'ours est souvent un guide spirituel et un symbole de guérison et de sagesse. Dans certaines cultures nordiques, l'ours est associé au dieu Thor, le dieu de la foudre et du tonnerre, et est considéré comme un symbole de puissance et de force brute. Dans d'autres cultures, l'ours est un animal totem, représentant les caractéristiques et les qualités de cet animal, telles que la force, la patience et la détermination. Le mandala de l'ours symbolise la force intérieure, la résilience et la capacité à surmonter les obstacles. Il peut également être associé à la protection de soi et de ses proches, ainsi qu'à la connexion avec la nature et les forces sauvages de ce monde.

POUR ALLER PLUS LOIN
Message du mandala

Il y a des moments où la fatigue s'installe. Une envie de se replier dans son cocon et d'hiberner nous invite à sortir des contingences et des interactions avec l'extérieur pour entrer dans son intériorité. Cette situation n'est pas prévisible, elle ne s'annonce pas, elle est juste là quand elle s'avère nécessaire. L'énergie dite solaire nous pousse vers l'extérieur. À l'inverse, les moments d'intériorisation sont davantage lunaires et silencieux. Ils semblent tristes de prime abord, mais ils ne le sont pas. Observe un enfant qui joue seul. Il commence à se mettre dans son petit coin, il va prendre des objets autour de lui et il va créer son monde. Il s'exprime par le dessin, la chanson ou tout autre médium. Ces moments sont essentiels, car c'est ce qui va élaborer son monde intérieur. N'oublions pas que nous avons été aussi des enfants. Les moments de repli sont naturels et aident chaque être, à tout âge, à se structurer, à se fortifier et à se vivifier. Quand le soleil se cache derrière les nuages et qu'apparaît la grisaille, profite de ces instants merveilleux pour faire de toi-même une œuvre vivante et vibrante de joie et de profondeur.

PROBLÉMATIQUES QUE CE MANDALA PEUT APAISER : fatigue, irritabilité, colères intempestives, mental agité, énergie mal orientée, perte de repères.

CONSEILS DE PLACEMENT : ce mandala peut être positionné dans un endroit où dorment les animaux, dans une chambre d'enfant ou dans une pièce réhabilitée récemment.

32
Les ancêtres

Tu n'es jamais seul(e) lorsque tu traverses une épreuve

Dans certaines cultures, les ancêtres sont vénérés et honorés à travers des rituels et des cérémonies spéciales, telles que des offrandes, des prières et des méditations. Ces pratiques sont souvent considérées comme un moyen de communiquer avec les ancêtres et de recevoir leur guidance et leur soutien. Les ancêtres peuvent nous guider et nous protéger, même après leur mort. Ils peuvent nous aider à prendre des décisions importantes, à trouver notre chemin dans la vie et à surmonter les défis que nous rencontrons. Les ancêtres peuvent également nous offrir des conseils et des enseignements précieux, fondés sur leur propre expérience de vie. Le mandala des ancêtres procure une source de force et de réconfort dans les moments difficiles de la vie.

POUR ALLER PLUS LOIN
Message du mandala

Nos ancêtres défunts nous accompagnent et nous guident. Nos interactions sont subtiles. Ils veulent essentiellement notre bonheur et nous apporter du réconfort. Ils œuvrent pour que nous puissions subvenir à nos besoins psychologiques, matériels et émotionnels. Ils portent aussi quelques mémoires obscures en eux, il faut savoir leur pardonner cela et se focaliser sur l'amour qu'ils nous adressent. Lorsqu'ils sont de l'autre côté, la lumière transfigure leur aspect négatif. Ils gardent tout de même au fond de leur âme leur fardeau qu'ils devront ensuite alléger dans une autre incarnation. Mais, pour l'instant, ils nous éclairent. Pense à les remercier et à les solliciter quand tu en as besoin. Lorsqu'ils entendent ton appel, ils redoublent d'attention pour t'aider davantage et te disséminent des petits signes pour te dire qu'ils sont là avec toi et que tu n'es jamais seul(e). Sache qu'ils t'aiment profondément. Tu ne les connais pas parce que tu n'as pas eu l'occasion de rencontrer plusieurs de ces ancêtres dans ta vie présente. Il peut s'agir d'aïeux très anciens ou de personnes que tu as croisées dans plusieurs incarnations différentes. Ils sont tous là, ils t'aiment, sache-le. Ils ont vraiment à cœur d'alléger chacun de tes pas, ils te maintiennent debout quand la vie te fait ployer sous ses épreuves. Ils ne veulent que ton bien, ton bonheur, ainsi que celui de ta famille et de tes amis proches. Alors si tu te sens seul(e), demande-leur de te montrer à quel point tu ne l'es pas. Si tu te sens désœuvré(e), suggère-leur de t'apporter un panier de fruits abondants et délicieux. Ils sont tellement nombreux dans l'invisible à te guider et t'aider. La solitude est une illusion.

PROBLÉMATIQUES QUE CE MANDALA PEUT APAISER : isolement, sentiment de solitude, impuissance, désespoir.

CONSEILS DE PLACEMENT : ce mandala peut être positionné dans la zone sud de ton habitation ou dans une pièce où tu fais du stockage.

33
Fleur de vie

L'énergie créatrice est en toi

La fleur de vie est un symbole géométrique composé de plusieurs cercles de même rayon qui se chevauchent en respectant un espacement régulier. Ce symbole est utilisé depuis des milliers d'années dans différentes cultures à travers le monde pour représenter l'harmonie, l'équilibre et la vie. Le mandala de la fleur de vie permet de se recentrer sur l'essentiel et de développer notre créativité dans tous les aspects de notre existence.

POUR ALLER PLUS LOIN
Message du mandala

Lorsque l'Univers se déploie, le son « Aum » résonne de toutes ses forces. Chacune de ses vibrations se répand dans l'ensemble des atomes qui fondent la matière de toute chose. Le son « Aum » est une tonalité centrale. Prononcé en fin de méditation, il permet d'ouvrir des yeux nouveaux sur le monde. Il constitue le germe de tous les sons et mantras dans la tradition hindouiste. Les sept notes de musique en sont ses fruits. Lorsque nous diffusons la lumière au travers d'un prisme transparent, cette dernière se diffracte. Apparaissent alors les sept couleurs de l'arc-en-ciel. Cette combinaison de couleurs s'anime chaque jour devant nos yeux. Associées savamment, les teintes ou les notes de musique nous relient à la beauté et l'harmonie. La fleur de vie symbolise le mouvement de la création. Lorsque tu te relies à ce symbole, tu retournes à l'état primordial. Tu retrouves aussi le chemin qu'a emprunté le divin pour faire de nous ce que nous sommes. Ceci est un moyen puissant de te recentrer dans le dessein de devenir le principal artiste de ta vie.

PROBLÉMATIQUES QUE CE MANDALA PEUT APAISER: manque de vitalité et d'entrain, repli sur soi, mental surmené, douleurs physiques et nerveuses.

CONSEIL DE PLACEMENT: ce mandala peut être positionné dans un salon, une salle de réception ou un bureau.

34
Sainte Rita
La lucidité est la clé du pardon

Sainte Rita est une sainte catholique romaine du XIVe siècle, également connue sous le nom de sainte Rita de Cascia. Elle est née en 1381 à Roccaporena, en Italie, et a vécu une vie de piété et de dévotion, malgré les difficultés qu'elle a rencontrées tout au long de son existence. Elle a été mariée à un homme violent et abusif et a eu deux fils qui sont morts jeunes. Après la mort de son mari, elle a rejoint un couvent augustinien à Cascia, où elle a vécu une vie de prière et de contemplation. Le mandala de sainte Rita permet de rompre avec les liens toxiques de la culpabilité et de la tristesse.

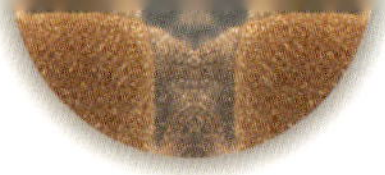

POUR ALLER PLUS LOIN
Message du mandala

Comment pardonner ? Comment réussir à passer cette épreuve pour trouver la paix ? Le pardon ne peut pas être mental. Nous pouvons prononcer « Je te pardonne » du bout de nos lèvres, sans que rien se concrétise dans les actes. Comment pardonner ? En posant cette question, nous amorçons déjà un travail important. Nous ôtons nos lunettes déformatrices teintées par nos tristesses et ressentiments. Nous empruntons la voie du cœur même si cette dernière n'apporte pas immédiatement de réponses. Il faut parfois beaucoup de temps. Emprunter le chemin du pardon n'exempte pas d'éprouver de la tristesse, du désarroi ou de la colère. Cela ne permet pas toujours de comprendre ce qui a poussé celui ou celle qui t'a blessé(e) à commettre son acte. Cependant, avec de la patience, du travail et de la détermination, tu te libéreras, car tu deviendras de plus en plus lucide. Tu pourras alors te détacher de tes souvenirs traumatiques et de la culpabilité qui les sous-tend. Le pardon s'immiscera à pas feutrés dans ta conscience. Il sera là sans même que tu t'en aperçoives ; en effet, l'oubli est son acolyte.

PROBLÉMATIQUES QUE CE MANDALA PEUT APAISER : mélancolie, tristesse, culpabilité, pessimisme, manque de perspective, conflits et violence.

CONSEILS DE PLACEMENT : ce mandala peut être positionné dans la plus grande pièce de ton habitation, en hauteur, de manière à le laisser rayonner.

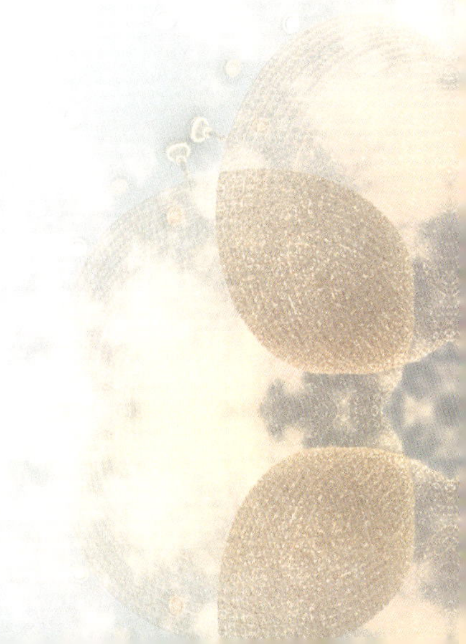

35
Bouddha

La nature véritable de chaque être se perçoit au travers du silence

Bouddha médite au pied d'un arbre, communément appelé l'arbre de la Bodhi, car c'est là qu'il a atteint l'illumination ou l'éveil spirituel. Selon la tradition bouddhiste, Bouddha a passé six jours de silence sous cet arbre, avant de comprendre les causes de la souffrance et d'atteindre la libération du cycle de la naissance et de la mort. Le mandala Bouddha permet de se relier à l'essence universelle et à l'intelligence divine.

POUR ALLER PLUS LOIN
Message du mandala

Dans le silence résonne l'intelligence divine. L'homme qui contacte son essence universelle par l'abolition de toute parole ne s'enfonce pas dans le désert, mais pénètre dans une forêt habitée par des êtres et des entités extraordinaires. Entrer dans cet ascétisme favorise l'écoute de ce qu'il se passe en soi et autour de soi. Le silence est tellement riche, l'expérimenter et s'y sentir heureux sollicite une force indicible. Il permet de s'extraire de ses émotions et de tous ses marasmes intérieurs, d'ôter ses lunettes déformées par les désirs vils et de retrouver sa nature consciente. Faire silence invite à la méditation et à l'écoute des sons de l'Univers. Nous sommes des graines d'étoiles venues nous incarner sur la Terre. Le néant est l'environnement matriciel rempli d'amour dans lequel elles baignent toutes reliées entre elles. Trouver le silence permet de faire la paix en soi et autour de soi. Alors, quand tu sens que le brouhaha s'installe et que les visions ne sont plus claires, extrais-toi du système et des contingences sociales, relie-toi à la force sans bruit. La nature se déploie dans la tranquillité et rien ne se perçoit visuellement ou auditivement pendant ce processus. Son changement se perçoit seulement grâce aux souvenirs laissés. La véritable existence œuvre dans le silence le plus complet.

PROBLÉMATIQUES QUE CE MANDALA PEUT APAISER : pensées obscures, croyances limitantes, peurs sclérosantes.

CONSEILS DE PLACEMENT : ce mandala peut être positionné au-dessus de la porte d'entrée d'une habitation ou d'un centre thérapeutique, dans un salon ou une chambre à coucher.

36 Abeille

Ce chemin le moins fréquenté est peut-être le tien

L'abeille est souvent considérée comme un symbole de spontanéité et de légèreté en raison de sa nature joyeuse et travailleuse. Les abeilles sont connues pour leur habileté à butiner les fleurs et à produire du miel, ce qui est habituellement associé à la douceur et à la légèreté. De plus, les abeilles sont généralement considérées comme de joyeuses créatures énergiques, qui travaillent dur tout en profitant de la vie. Le mandala de l'abeille représente la spontanéité, la légèreté, la joie et l'efficacité dans le travail.

POUR ALLER PLUS LOIN
Message du mandala

Laisser la place à l'inattendu dans sa vie reste l'apanage de la jeunesse. L'âge avançant, les humains sont de plus en plus calculateurs, orchestrant leur vie comme une boîte à musique. L'enthousiasme et la spontanéité devraient être la source originelle de toute action ou manifestation. Sans cela, la vie pourrait ressembler à un vieux film muet qui défile inexorablement sous nos yeux. Il est important de laisser le mental organiser certaines choses, mais il est essentiel de se laisser porter par la spontanéité. Les deux composantes ne sont pas antagonistes, nous pouvons avancer et travailler efficacement tout en gardant l'enthousiasme et la légèreté. Regarde un enfant, il s'ennuie parfois, tourne en rond, puis le cercle se rompt. Quelques minutes après, il se met à rire aux éclats dans un jeu constellé d'inventions et de mimétismes. Adultes, nous devons préserver cette richesse, laisser la place à l'inattendu et prendre le risque d'emprunter des chemins très peu fréquentés. Chaque expérience est une source d'apprentissage, alors ne complique pas ton existence en lui imposant des dogmes et des organisations strictes. Laisse la vie couler en toi, joue, vibre en gardant toujours en tête l'envie d'apprendre et d'y mettre de la conscience.

PROBLÉMATIQUES QUE CE MANDALA PEUT APAISER: difficulté à travailler en équipe, problème d'argent, difficulté à attirer l'abondance dans toutes ses manifestations, manque d'audace.

CONSEILS DE PLACEMENT: ce mandala peut être placé dans une cuisine ou une pièce de travail dédiée à la recherche et au développement.

37
Hildegarde de Bingen

Préserve la flamme de l'intuition

Hildegarde de Bingen (1098-1179) était une religieuse, mystique, compositrice, écrivaine, botaniste et médecin allemande du Moyen Âge. Elle est considérée comme l'une des femmes les plus influentes de son temps et est devenue célèbre pour ses visions mystiques et ses écrits sur la théologie, la médecine, la botanique et la musique. Le mandala de Hildegarde nous invite à nous faire pleinement conscience et révéler au monde nos inspirations les plus pures.

POUR ALLER PLUS LOIN

Message du mandala

Si l'inspiration vient comme une brise légère animer ton esprit et exciter tes sens, ne la laisse pas s'échapper. Fais-lui confiance, conserve-la précieusement telle une petite flamme dans tes mains que tu tentes de préserver du vent. Souffle légèrement et délicatement dessus afin d'attiser davantage sa ferveur et te permettre de l'écouter pleinement pour agir en employant la note juste. Cette flamme légère est tellement précieuse, ne l'enfouis pas dans ta poche pour l'étouffer et cacher ce trésor. Au contraire, fais d'elle un feu ardent tout autour duquel tes amis et tes proches feront une ronde en guise de célébration. Ne sois pas timoré(e) pour parler d'elle. Érige-la comme une reine, fais-en ta souveraine intérieure et ne te mésestime pas. Si tu te détournes d'elle, elle peut s'amoindrir jusqu'à l'épuisement et tu te demanderas pourquoi ton existence est si morne et si triste. Laisse vivre cette flamme à chaque instant et domestique-la. Tu peux aussi l'offrir à tes êtres chers pour qu'eux aussi en prennent soin. Cette flamme est un tel cadeau de l'existence. C'est le fruit du souffle des dieux qui t'adresse leur amour et toute leur commisération.

PROBLÉMATIQUES QUE CE MANDALA PEUT APAISER : manque de confiance en soi, défiance envers son prochain, manque d'inspiration, extinction de l'intuition.

CONSEILS DE PLACEMENT : ce mandala peut être positionné à l'ouest de ta maison, dans une chambre à coucher, un espace de travail ou une cuisine.

38
Saint François d'Assise

Tes ressentis sont vrais

Saint François d'Assise est un saint catholique italien né en 1181 ou 1182 à Assise, en Ombrie, et mort le 3 octobre 1226 à Assise. C'est le fondateur de l'ordre franciscain, également connu sous le nom d'ordre des Frères mineurs. François d'Assise est connu pour son amour de la nature et des animaux, ainsi que pour son engagement en faveur des pauvres et des malades. Il a pareillement été un prédicateur et un réformateur religieux important, cherchant à ramener l'Église catholique à une vie simple et humble, en accord avec les enseignements du Christ. Saint François d'Assise est vénéré comme un saint patron des animaux, de l'environnement, de l'Italie et des missionnaires. Le mandala de saint François d'Assise agit comme un protecteur, notamment de la nature et des animaux. Il favorise l'ouverture du cœur.

POUR ALLER PLUS LOIN
Message du mandala

Nous nous questionnons fréquemment sur la véracité de nos impressions et ressentis. Peut-être doit-on commencer par se demander le sens du mot «vrai». La vérité est-elle extérieure à nous? Ferions-nous partie d'un paysage dans lequel nos interactions et sentiments seraient dénués de conséquences? À l'inverse, la vérité est-elle intrinsèque à notre être? Le ressenti engendre-t-il la réalité? À ce moment-là, tout changerait. Notre vision du monde basculerait. Nous ne laisserions pas la place à l'extérieur pour nous dicter ce que nous ressentirions. Il s'agit là de la véritable souveraineté intérieure. Lorsque nous sentons la présence d'un guide ou que nous percevons le soutien de notre ange gardien, avons-nous vraiment besoin de savoir si cela est vrai? Si nous avions besoin de percer ce mystère, nous pourrions voir nos anges gardiens et nos guides comme nous voyons les êtres de chair. La vue serait un critère tangible qui sous-tendrait l'existence. Mais dois-tu percevoir l'essence ou distinguer la matière? Ne doit-on pas aller chercher au fond de nos tripes et de notre cœur la vérité? Celle-ci est au-delà du palpable, elle est dans le sensible et dans le subtil. Il n'existe pas de vérité sans la validation de nos ressentis profonds et de notre bien-être. Le seul guide vers le vrai est l'amour que l'on peut ressentir à l'intérieur de soi. Celui-ci ne peut pas mentir. Il est véritable. Lorsqu'on est relié à cet amour qui est la vérité, rien ne peut nous affecter. Nous avons ce que l'on nomme la foi, et potentiellement, cette foi va au-delà de ce que l'on voit, écoute ou entend. La foi véritable est à l'intérieur de nous et c'est pour cela que les guides ou les anges ne se montrent pas. Nous avons besoin de cultiver la foi. Imagine un monde où nous verrions aisément tous ces êtres qui nous accompagnent. Aurions-nous véritablement la foi? Nous avons besoin d'aller dans une autre dimension, d'aller chercher au plus profond de nous-mêmes. Ainsi lorsque tu doutes, fais un 360°, regarde-toi à l'intérieur et lis ce que dit ton cœur. Ses écritures sont plus réelles que ce que te donnent à percevoir tes sens en ce monde.

PROBLÉMATIQUES QUE CE MANDALA PEUT APAISER: difficulté ou impossibilité matérielle à se relier à la nature, karma lourd.

CONSEILS DE PLACEMENT: ce mandala peut être placé dans une maison en lien profond avec la nature (matériaux écologiques, emplacement en forêt, au bord de l'eau, etc.) ou, *a contrario*, dans un habitat extrêmement citadin.

39
Arbre

La patience est Amour

Un arbre symbolise d'ordre général la vie en raison de sa croissance, de sa force et de sa longévité. Il représente la sagesse compte tenu de sa capacité à vivre longtemps et à résister aux intempéries. Il incarne la stabilité par ses racines profondes et sa disposition à rester debout même dans les tempêtes. Il exprime la renaissance en vertu de sa possibilité à perdre ses feuilles en hiver et à les retrouver au printemps. Le mandala de l'arbre engendre la sagesse, l'humilité et apporte la protection.

POUR ALLER PLUS LOIN
Message du mandala

La patience est une qualité du cœur extrêmement précieuse, elle n'est pas souvent innée et demande beaucoup de maturité pour l'acquérir. Marquer son impatience est un signe d'absence de conscience de ce qui est. Lorsque tu te sens irrité(e), impatient(e), regarde le gouffre laissé entre ta perception et la réalité de l'autre. L'apprentissage de la patience est l'amour. L'antagonisme de l'amour est l'impatience, car l'amour fait filer le temps avec sérénité et paix. L'impatience génère la guerre et les conflits. La conscience d'altérité ne peut être là que si la patience est là ; il en va de même avec la vie, chaque événement arrive quand les circonstances sont là pour l'accueillir. Précipiter les choses ou les événements est vain et ne peut que procurer la perte et l'échec. Pour gagner, il faut prendre le temps d'observer, d'apprendre, de grandir. Tout a un rythme, et aller à son encontre revient à briser une loi universelle. Comment écouter ce rythme lent ? Il est nécessaire de toujours raisonner avec le cœur et l'intuition, et observer la part de toi-même qui s'agite, qui trépigne et qui tourne en rond. Cela ne signifie pas qu'il faille la rejeter ou l'étouffer, mais la regarder avec bienveillance et la rendre discrète. Tu peux aussi t'adresser à elle de la manière suivante : « Chère partie de moi qui ne comprend pas et qui s'agite, je t'aime de tout mon cœur et je comprends ton agitation, car tu es perdue, mais bientôt, le chemin s'imposera à toi comme une évidence. Cependant, tant que cela n'est pas le cas, occupe-toi pour faire autre chose. » Tu verras à ce moment-là que tout s'apaisera et que la vie te guidera dans les meilleures conditions qu'il soit.

PROBLÉMATIQUES QUE CE MANDALA PEUT APAISER : manque de patience et de confiance, difficulté à s'ancrer, problèmes et mémoires transgénérationnelles traumatiques.

CONSEIL DE PLACEMENT : ce mandala peut être placé dans la zone ouest de ton habitation, dans un salon ou une salle à manger.

40
La chamane
Fatigue ou paresse ? À toi de juger

Un chaman est un praticien de la spiritualité traditionnelle qui utilise des techniques de guérison, de divination et de communication avec les esprits pour aider les membres de sa communauté. Les chamans sont souvent considérés comme des leaders spirituels et des guérisseurs dans les cultures indigènes du monde entier. Ils utilisent des pratiques telles que la méditation, le chant, la danse, les plantes médicinales et les rituels pour entrer en contact avec les esprits et obtenir des conseils et des guérisons pour eux-mêmes et pour les autres. Le mandala de la chamane apporte la vitalité et la clairvoyance nécessaires au discernement et à la lucidité sur soi-même.

POUR ALLER PLUS LOIN
Message du mandala

Les émotions négatives générées par la paresse nous incitent à douter de nous-mêmes et nous découragent. Il ne faut cependant pas confondre l'inertie et le repos. Ce dernier est crucial pour se recentrer et indispensable à notre bien-être et à notre santé. Il permet à ton corps d'assimiler des informations, de les trier et d'en rejeter certaines. Ce travail est important, car il nous permet de vivre en équilibre et de trouver l'harmonie. L'inertie est la forme obscure du repos, c'est cette part de nous-mêmes qui n'a pas envie, qui a peur. La peur nous incite à nous replier et à attendre qu'une personne fasse les choses pour nous. Lorsque tu sens cette force destructrice en toi, il est important de bouger ton corps et de plonger ton mental dans une activité, même anodine, car la meilleure amie de la paresse reste et demeure la dépression nerveuse. Prends soin de cela, comme tu le ferais pour le lait sur le feu, ne te laisse pas aller à l'inactivité, reste éveillé(e) et sois assez sage pour écouter tes besoins profonds.

S'agit-il d'une véritable fatigue, d'un besoin physique et mental de débrancher, ou d'une fuite ? La réponse est cependant plus évidente après un repos. Ensuite, on se sent bien et libre. Après avoir succombé à la paresse, on se sent tout petit et amoindri. Reste vigilant(e) afin de pouvoir demeurer ancré(e) dans la joie.

PROBLÉMATIQUES QUE CE MANDALA PEUT APAISER : manque d'énergie et de dynamisme, certitudes, fin d'un cycle, difficulté à prendre de la hauteur et à prendre des décisions.

CONSEILS DE PLACEMENT : ce mandala peut être placé dans un bureau, dans un salon, dans une pièce encombrée et/ou dans la zone sud de ta maison.

Notes personnelles

Notes personnelles

pca
cmb
édition pré-presse
livres numériques

44400 Rezé